Bernhard Ritter
Eine andere Art zu lieben?

Bernhard Ritter

Eine andere Art zu lieben?

Zum Thema Kirche und Homosexualität
Seelsorgerliche Aspekte

BRUNNEN VERLAG GIESSEN/BASEL

ABCteam-Bücher erscheinen in folgenden Verlagen:
Aussaat-Verlag Neukirchen/Vluyn
R. Brockhaus Verlag Wuppertal
Brunnen Verlag Gießen und Basel
Christliches Verlagshaus Stuttgart
(und Evangelischer Missionsverlag)
Oncken Verlag Wuppertal und Kassel

Die Deutsche Bibliothek – CIP-Einheitsaufnahme

Ritter, Bernhard:
Eine andere Art zu lieben? :
Zum Thema Kirche und Homosexualität ;
seelsorgerliche Aspekte / Bernhard Ritter. –
Giessen ; Basel : Brunnen-Verl., 1993
(ABC-Team)
ISBN 3-7655-1022-X

© 1993 Brunnen Verlag Gießen
Umschlaggestaltung: Guido Niebrandt
Satz: Typostudio Rücker & Schmidt
Herstellung: St.-Johannis-Druckerei, Lahr
ISBN 3-7655-1022-X

Inhalt

Zweiter Teil: Zur Analyse der Homosexualität

Vierter Teil: Zur kirchliche Diskussion

Vorwort

Der Leser findet mit diesem Buch ein Werk vor, das besonders diejenigen ansprechen wird, die am Problem der Homosexualität interessiert sind, weil sie nach Antworten für die Betroffenen suchen und dabei ihrer christlichen Überzeugung keine Gewalt antun wollen. Die vorherrschende öffentliche Meinung vertritt die Auffassung, Homosexualität sei eine normale Variante menschlicher Sexualität. Daß es sich bei dieser Auffassung um eine Ideologie handelt, die weder natur- noch humanwissenschaftlich faktisch begründet werden kann, findet nur bei sehr wenigen Menschen Gehör. Eine wirklich kritische Nachfrage jedoch, die sich weigert, einfach das allgemein Akzeptierte als Wahrheit anzuerkennen, kommt zu einer anderen Schlußfolgerung. Die Behauptung, es gäbe eine wissenschaftliche Grundlage für die Normalitätstheorie, muß schlicht als falsch bezeichnet werden.

Daß diese Überzeugung dennoch so vehement und mit Mehrheit vertreten wird, belegt nur die Beobachtung, daß der moderne Mensch sehr stark geneigt ist, ohne Prüfung der Fakten verkürzende Darstellungen, die mit dem Anspruch auf Toleranz und Humanität vertreten werden, zu übernehmen, wenn sie nur oft genug wiederholt und mit einer Haltung präsentiert werden, die ausdrückt, daß jeder, der noch nicht so denkt, in einer überholten Vergangenheit stehengeblieben ist. Die Gefahr, trügerischen Ideologien zu verfallen, ist mit der Überwindung von Nazismus und Kommunismus nicht verschwunden. Nur sind unsere modernen Trugbilder subtiler geworden, und sie präsentieren vielleicht auf den ersten Blick ein freundlicheres und menschlicheres Gesicht.

Vom wissenschaftlichen Standpunkt aus betrachtet hat die These von der Normalität homosexueller Neigungen keine Grundlage. Verschiedene Medienberichte über die Entdeckung einer biologisch-physischen Erklärung der Homosexualität können sich keineswegs auf erhärtete wissenschaftliche Ergebnisse berufen, sondern sind allenfalls propagandistisch aufgewertete Hypothesen. Auch eine wissenschaftsphilosophische Begründung dieser These erscheint unhaltbar. Das Nachdenken über Normales und Nicht-Normales, Adäquates und Nicht-Adäquates, über die Finalität in der organischen, biologischen und psychischen Natur wird unbedingt aus sich selbst heraus dazu führen, in Homosexualität und Pädophilie eine Störung natürlicher Funktionen zu erkennen, geradezu ein Fehlen von natürlichen Funktionen, eine Form der Fehlentwicklung, die man zwar nicht als körperliche Krankheit betrachten muß, aber die doch eine Krankheit im Sinne der Hemmung des normalen Funktionierens ist.

Ein Faktor, der entscheidend zum Erfolg der gezielt und massiv vertretenen Normalitätstheorie beitrug, ist das bewußt angesprochene Mitleid. Das Mitleid des Publikums, der sozial einflußreichen Gruppen und Persönlichkeiten, der verantwortlichen Autoritäten in Politik, Medizin und Kirche anzusprechen und zu beleben, ist vielleicht das wirksamste propagandistische Verfahren, um der gewünschten Auffassung zu einer breiten Akzeptanz zu verhelfen. Unsere Gesellschaft ist zwar säkularisiert; ein latentes christliches Empfinden ist jedoch in ihr vorhanden: Noch immer ist die Nächstenliebe die Triebkraft vieler sozialer und humanistischer Strömungen. So sind auch viele Christen unschwer für oder gegen eine bestimmte Auffassung zu gewinnen, wenn man diese nur als im Gebot der Nächstenliebe begründet darstellt. Bei dieser Art der Meinungsbildung sind allerdings nicht logische Beweise, rationale Argumente oder wissenschaftliche Gegebenheiten ausschlaggebend dafür, was als richtig oder falsch akzeptiert wird, sondern Gefühlsargumente, die das Denken bzw. Urteilen bestimmen. Mit diesen fragwürdigen Mitteln der emotionalen Beeinflussung, die übrigens schon immer Kennzeichen falscher Propaganda waren, wird die vorherrschende Ideologie in Gesellschaft und Kirche durchgesetzt. Homosexuelle Menschen werden als Opfer dargestellt: Opfer von Diskriminierung, Opfer des Unverständnisses der von Vorurteilen bestimmten Masse, Opfer der Vorurteile des Christentums und Judentums, und jetzt auch Opfer der AIDS-Krankheit.

Nicht tiefere Einsicht in die Zusammenhänge oder wirkliches Verstehen bestimmen überwiegend die öffentliche soziale, politische und religiöse Haltung, sondern eine unkritische Emotionalität, in der homosexuell fühlenden Menschen die Rolle des tragischen Helden zugeschrieben wird.

Den Faktor Mitleid in bezug auf homosexuelle Menschen gilt es ehrlich zu analysieren. Dabei ist das unausgesprochen eingeforderte, obligatorische Mitleid zum großen Teil nichts anderes als falsche Sentimentalität, die homosexuelle Menschen als eine Art unschuldiger Heiliger darstellt, die eine rückständige Gesellschaft aus Böswilligkeit zu Opfern macht.

Es ist objektiv falsch und eine grobe Verzerrung der Tatsachen, wenn man den Eindruck zu erwecken versucht, daß alle, die noch bestimmte Hemmungen haben, das Phänomen der Homosexualität einfach zu akzeptieren, oder die es sachlich und wissenschaftlich untersuchen wollen, oder die ihre moralische Auffassung über Homosexualität nicht ohne Begründung preisgeben wollen, die Absicht haben, homosexuell fühlende Menschen entweder zu quälen, zu demütigen oder zu bestrafen, aber auf jeden Fall keinerlei Verständnis für sie haben. Ich nenne das unredlich, weil jene, die dieses Bild zeichnen, durchaus wahrnehmen könnten, daß vielen der betroffenen Menschen mittlerweile großes Verständnis entgegengebracht wird.

Es ist eine zu einseitige Sicht der Dinge, in der sich auch Betroffene selbst ausschließlich als Opfer verstehen, das nur auf Grund der Intoleranz der anderen leidet. Dieser Versuch, mit moralischem Druck die eigenen Ideen durchzusetzen und andere zu zwingen, Homosexualität in jeder denkbaren sozialen Hinsicht als gleichberechtigt mit Heterosexualität anzuerkennen oder homosexuelle Lebensgemeinschaften der Ehe gleichzustellen, ist unaufrichtig.

Aber nicht nur falsche Sentimentalität, sondern auch das echte, positiv verstandene Mitleid wird in dieser Diskussion angesprochen. Mit Sicherheit haben viele ein echtes Mitempfinden mit einem Menschen, der unter Gefühlen leidet, die ihn so sehr und so schmerzlich daran hindern, ein normales Leben zu führen, die normale Geborgenheit und Lebenserfüllung in einer Ehe zu finden und ihn oft als Einsamen und Unglücklichen durchs Leben gehen lassen. Aber mit solchen aufrichtigen Gefühlen des Mitleids sollten wir angemessen umgehen. Sie bergen die Gefahr, in einen unangemessenen Protektionismus zu verfallen, dessen negative Auswirkungen die Pädagogik unter dem Begriff der überbehütenden Erziehung analysiert hat. Eine gesunde Einstellung, die auch gegenüber homosexuellen Menschen berechtigte Anforderungen stellt, wird aus dem Auge verloren. Die Problematik einer solchen Einstellung kennen wir z.B. auch von manchen Eltern, deren Kind –

aus welchem Grund auch immer – krank, schwach, oder behindert ist; sie riskieren durch übertriebenes Mitleid, ihr Kind zu verwöhnen oder charakterlich zu verweichlichen. Ebensowenig wie dem Kind ist dem homosexuell fühlenden Menschen mit dieser Art von Mitleid geholfen.

Wirkliches Mitleid wird sich statt dessen darin äußern, daß es nach sachlich angemessenen Lösungen der Situation sucht. Es wird dazu bewegen, nach gesicherten wissenschaftlichen Erkenntnissen zu forschen und auf dieser rationalen Grundlage Hilfe zu leisten.

Für die Frage der Homosexualität ist eine solche Einstellung gegenwärtig auf Grund des starken sozialen Drucks, der mit Stellungnahmen zu diesem Problem verbunden ist, recht schwierig. Deshalb ist es eine mutige Stellungnahme, die wir mit dieser Arbeit von Bernhard Ritter vor uns haben.

Bernhard Ritter hat Mut und Aufrichtigkeit bewiesen, als er seine christliche Überzeugung gegen die herrschende Ideologie in der DDR vertrat; er beweist beides auch mit dieser Stellungnahme.

Es erfordert Mut, dem trügerischen Dogma der Normalität von Homosexualität zu widersprechen und dafür zu plädieren, daß wirkliche Hilfe an homosexuell Fühlenden darin besteht, sie persönlich mit Einsicht, Rat und Ermutigung auf dem alles andere als leichten Weg der Veränderung zu begleiten und zu unterstützen.

Der Autor stützt sich auf Untersuchungen und Erfahrungen, wie sie durch Alfred Adler, Johann Arndt, Irvin Bieber, von mir selbst und manchen anderen beschrieben sind. Er hat damit in seiner Seelsorgepraxis mit homosexuellen Menschen seine eigenen Erfahrungen gemacht; er setzt seine persönlichen Akzente, und man spürt einen Wahrheit suchenden und aufgeschlossenen Geist, dem es überdies ein Anliegen ist, psychologische Einsichten mit biblischer Ethik zu verbinden. Seine Praxis ist dadurch eine wahrhaft pastoral – psychologische. Er arbeitet nicht mit moralischen oder sogar moralisierenden Ermahnungen; vielmehr vermittelt er den psychotherapeutischen Wert der praktischen Übung der großen christlichen Tugenden, namentlich Liebe und Demut.

Sicher werden einige Leser bemerken, daß nicht wenige Ansichten, die der Autor vertritt, „religiöse" Werte und Urteile sind. Sie mögen daher manchem als interessegelenkt erscheinen: „Er muß ja so denken, weil er Christ ist." Darf ich dagegen fragen: Könnte es sein, daß der christliche Glaube empfindsam macht für bestimmte humanwissenschaftliche Einsichten, die dem Menschen wirklich förderlich sind?

Das würde nicht bedeuten, daß solche Einsichten „christlich" sind in dem Sinne, daß sie Nichtchristen überhaupt nicht zugänglich sein könnten. Sie sind vielmehr allgemein-psychologischer Natur, und damit auch für Menschen anwendbar, die die christliche Überzeugung des Autors nicht teilen.

Es geht dem Autor in diesem Buch nicht um eine erschöpfende Darstellung des gegenwärtigen Forschungsstandes in den Humanwissenschaften oder der bestehenden Theorien über Homosexualität und deren Entstehung – die sich in vielen Bereichen überschneiden. Was er liefert, ist eher eine Zusammenschau verschiedener wichtiger Denkbilder mit der eigenen praktischen Erfahrung und Wahrnehmung.

Ich halte eine solche persönlich engagierte Arbeit für einen außerordentlich nützlichen Versuch, die kaum in Frage gestellte Vorherrschaft einer unbegründeten Homosexualitätsideologie zu durchbrechen und eine Alternative anzubieten. Wir dürfen unsere Augen nicht davor verschließen, daß die unkritische Akzeptanz dieser Ideologie auch durch die Kirchen vielen homosexuell fühlenden Menschen einen Ausweg aus dieser Problematik geradezu verweigert und ihnen kaum eine andere Möglichkeit läßt, als auf die Bahn eines chaotischen und unglücklichen Lebens zu geraten. Man kann auch nicht übersehen, daß die homosexuelle Emanzipationsideologie die sowieso schon stark angeschlagene Ehe und Familie weiter in Frage stellt. Und schließlich gilt es zu bedenken, daß unsere Passivität angesichts dieser Entwicklungen uns auch die Mitverantwortung auferlegt für das damit verursachte persönliche und soziale Elend.

Prof. Dr. Gerard van den Aardweg, Psychologe

Dieses Buch ist aus Gesprächen hervorgegangen. Sie haben ihren Anfang genommen im Kreis von Brüdern und Schwestern, die besorgt waren und sind, die Kirche könne in den Fragen um die Homosexualität die biblische Orientierung verlieren. Über diesen Kreis hinaus wurde das Gespräch fortgesetzt auf vielen Ebenen unserer Kirche. Die Dokumentation am Schluß des Buches gibt einen Einblick in diese Diskussion. Schließlich mündete es ein in ein helfendes Gespräch mit Betroffenen.

Darin liegt die Bedeutung des Buches: es vermittelt Hoffnung. Auch wenn die Diskussion über die Frage der Homosexualität noch nicht abgeschlossen ist, bezieht der Autor feste Positionen. Dazu gehört Mut. Es ist aber nicht trotzige Kühnheit, sondern einfach der Mut, die Wahrheit zu bezeugen, die frei macht.

Eine Zeitlang schien es, als habe der Geist der Zeit mit neuen anthropologischen Erkenntnissen wie eine Flutwelle biblische Positionen weggeschwemmt. Aber die Wasser beginnen sich zu verlaufen. Aus der Flut unterschiedlicher Meinungen taucht die biblische Wahrheit als festes Fundament wieder auf. Wer für sein Leben und seinen seelsorgerlichen Dienst ein solches sucht, findet es hier.

Sicher wird sich auch Widerspruch regen. Das kann nicht anders sein. Aber manchmal hilft auch Widerspruch weiter.

Das Buch bezieht Position gegen ein falsches Mitleid. Das gilt sowohl in bezug auf den Umgang des Menschen mit sich selbst (viele Probleme haben ihre Ursache in einem nicht überwundenen Selbstmitleid) als auch im Hinblick auf andere: Falsches Mitleid mit anderen, das die Wahrheit unterschlägt, erweist sich nicht als Hilfe.

Damit ist in keiner Weise in Frage gestellt, daß wir alle angewiesen sind auf die Barmherzigkeit Gottes. Gerade Menschen, die eine Neuorientierung ihres Gefühlslebens suchen und dabei die Erfahrung machen, daß sie immer wieder scheitern, brauchen die Zusage der Barmherzigkeit und Geduld Gottes.

Möge das Buch dazu helfen, daß Menschen zur Klarheit über sich selbst finden, zugleich aber auch das Erbarmen Gottes erfahren, daß jeden Menschen trägt und verändert.

Woldemar Schultz
Mitglied der Kirchenleitung der Evangelische Kirche
Kirchenprovinz Sachsen

ERSTER TEIL

Allgemeine Informationen

1. Vorbemerkungen

Seit einigen Jahren gerät die Lebenswirklichkeit homosexueller Menschen in bisher ungewohnt deutlicher Weise ins Blickfeld der Öffentlichkeit. Zahlreiche Diskussionen in den Medien und verschiedene kirchliche Verlautbarungen haben nicht wesentlich dazu beigetragen, die mit der Frage der Homosexualität verbundenen tiefer liegenden Probleme zu erhellen. Da aber eine große Zahl betroffener Menschen uns zur Antwort nötigt und die Kirche Stellung zu beziehen hat, müssen wir uns nüchtern und sachlich mit den aufgeworfenen Fragen beschäftigen.

Die hier vorgelegte Studie beabsichtigt nicht, ein umfassendes, in sich geschlossenes Konzept für eine in jeder Hinsicht sachkundige Seelsorge an homosexuellen Menschen zu bieten. Dazu sind die Lebenswirklichkeit homosexueller Menschen und die damit verbundenen realen Problemfelder viel zu komplex. Sie kann bestenfalls ein Stück Aufklärung und Versachlichung leisten: einen Einblick in die Entstehung und Wirkungsweise homosexueller Gefühlsstrukturen geben und einige Grundlinien für seelsorgerliche Hilfestellungen zeichnen.

Die hier vorgelegten Thesen sind aus einer langjährigen Beratungstätigkeit und Seminararbeit mit homosexuell empfindenden Menschen hervorgegangen. Die in dieser Arbeit gewonnenen Erfahrungen haben die Überzeugung bestärkt, daß Homosexualität als eine schwere destruktiv wirkende Störung im Gefühlsleben betroffener Menschen zu verstehen ist. Sie muß aber kein unabwendbares Schicksal sein. Die neutestamentliche Verheißung (z.B. 1 Tim 2,4) gilt auch Menschen mit seelischen Schwierigkeiten – das schließt auch homosexuell fühlende Menschen ein.

2. Zur Vorgeschichte der Diskussion um die Homosexualität

Homosexualität ist keine Erscheinung des 20. Jahrhunderts. Homosexuell fühlende Menschen hat es wohl zu allen Zeiten gegeben. Da uns aber aus der Vergangenheit nur wenige Quellen zu dieser Fragestellung und keinerlei Untersuchungen überliefert sind, ist nicht zuverlässig nachzuweisen, ob und wie sich die Verhältnisse im Laufe der Geschichte verändert haben.

Seit dem 2. Weltkrieg treten homosexuelle Menschen verstärkt in die Öffentlichkeit mit der Forderung, homosexuelle Empfindungen als normale und natürliche Variante menschlicher Sexualität anzuerkennen. Sie wollen in stärkerem Maße eine öffentliche Akzeptanz der besonderen Lebensformen homosexueller Menschen erreichen. Diese Entwicklung ist vor allem in den USA und den Niederlanden vorangeschritten. Dort gilt die homosexuelle Lebensweise weithin als gesellschaftlich akzeptiert.

Von den USA sind starke Impulse für die homosexuelle Emanzipationsbewegung in den Ländern Westeuropas ausgegangen, die sich mit anderen emanzipatorischen Strömungen in Holland und Deutschland verbanden. Unter dem entstehenden öffentlichen Druck wurden eine Reihe gesellschaftlicher Normierungen grundlegend in Frage gestellt; sehr konkrete Forderungen im Hinblick auf die gesellschaftliche Gleichstellung homosexueller Menschen wurden erhoben. In den Niederlanden wurde mehrfach ein Anti-Diskriminierungsgesetz angekündigt, das die Gleichstellung aller Bürger, unabhängig von Rasse, Religion und sexueller Orientierung, gewährleisten soll. Es wird angestrebt, Maßnahmen, die als Diskriminierung empfunden werden, auszuschließen und unter Umständen unter Strafe zu stellen. So sollen beispielsweise Lehrer, die sich in der Schule öffentlich zu einer homosexuellen Lebensweise bekennen, nicht mehr vom Schuldienst ausgeschlossen werden können; die Weigerung, einem homosexuellen Paar eine Wohnung zu vermieten, soll mit Strafen geahndet werden können.

Diese Überlegungen folgen entsprechenden Vorbildern in den USA. In verschiedenen Staaten und Kommunen sind unter der Federführung der Demokraten weitgehende lokale Gesetze eingeführt worden, die eine Diskriminierung verhindern und gelegentlich de facto eine Privilegierung der homosexuellen Gruppen gegenüber der heterosexuellen Mehrheit bedeuten (z.B. durch eine steuerrechtliche Besserstellung homosexueller Partnerschaften gegenüber nichtehelichen heterosexuellen Lebensgemeinschaften).

Die homosexuelle Emanzipationsbewegung fand auch in der ehemaligen DDR Anhänger. Die leidenschaftlichen Debatten, die hier in Kirche und Gesellschaft seit Beginn der achtziger Jahre stattgefunden haben, haben mit der Erreichung der deutschen Einheit lediglich einen gesamtdeutschen Kontext erhalten. Die Argumente, die in dieser Diskussion verwendet werden, sind jedoch in Ost und West die gleichen.

Zunächst fanden die Vertreter der homosexuellen Emanzipationsbewegung im gesellschaftlichen Raum der ehemaligen DDR wenig Verständnis. So kam es zur Gründung von homosexuellen Arbeitskreisen vorzugsweise unter dem Dach von wohlmeinenden Studentengemeinden, Stadtmissionen und Kirchengemeinden. Mit der Selbstorganisation homosexueller Gruppen als kirchliche Arbeitskreise und der Erwartung, daß emanzipatorisch lebende homosexuelle Theologen zum Verkündigungsdienst der Kirche ordiniert werden, begann eine heftige kontroverse Auseinandersetzung innerhalb der Kirche, die bis heute nicht abgeschlossen ist.

Die von Anfang an sehr instabilen homosexuellen Arbeitskreise, deren Hauptanliegen neben der Realisierung der eigenen homosexuellen Kultur vor allem die Durchsetzung emanzipatorischen Gedankengutes in Kirche und Gesellschaft gewesen ist, haben sich mittlerweile größtenteils aufgelöst bzw. in anderen gesellschaftlichen Strukturen eine neue Heimat gesucht. Die Quasianerkennung der Homosexualität als einer normalen Variante der menschlichen Sexualität durch die Medien, der subjektivistische Zeitgeist, die Müdigkeit, jahrelang über ein Thema zu diskutieren, das die Mehrheit der Bevölkerung nicht existentiell berührt, und das Fehlen verläßlicher wissenschaftlicher Daten zum Thema haben auch innerkirchlich ein Klima geschaffen, das die Anerkennung der homosexuellen Lebensweise in absehbarer Zeit als möglich erscheinen läßt.

Die bisherigen kirchlichen Arbeiten und Verlautbarungen im Raum der evangelischen Kirchen Ostdeutschlands sind in der Regel als Reaktionen auf konkrete aktuelle Anfragen entstanden. Der auslösende Faktor war die Frage, ob Theologen, die in homosexuellen Beziehungen leben, ordiniert werden können. Auf der Suche nach einer biblischen Orientierung in dieser Frage wird deutlich, wie stark das jeweilige erkenntnisleitende Interesse der Exegeten die Ergebnisse der Untersuchung bestimmt. So können völlig unterschiedliche Ergebnisse nebeneinandergestellt werden. Versuche, die unterschiedlichen Positionen in theologischen Gesprächen und kirchlichen Arbeitsgruppen zu überwinden, sind bisher gescheitert. Die entscheidenden Gründe für dieses Scheitern liegen in unterschiedlichen Auffassungen über die Verbindlichkeit der Heiligen Schrift und die Zusammengehörigkeit von Sexualität und Ehe. Da Antworten auf diese Fragen meist ein allgemeiner Bekenntnischarakter zugemessen wird, lassen sich die unterschiedlichen Auffassungen nicht harmonisieren.

Die Emotionalität der Debatte hat ihren Grund weiterhin in der persönlichen Betroffenheit jeder Seite (der Befürworter wie der Gegner der homosexuellen Emanzipation). Hinzu kommt, daß die proemanzipatorischen Stimmen ihre Aufgabe darin sehen, einer – in ihren Augen – benachteiligten und unterdrückten Minderheit zu dem ihr zustehenden Recht zu verhelfen.

Die Gegenstimmen sehen sich meist in der Pflicht, biblische Grundaussagen pointiert darzustellen und festzuhalten, daß Homosexualität keine Schöpfungsvariante und keine empfehlenswerte Lebensform ist. Dabei führt oftmals die persönliche Unsicherheit, über das biblische Zeugnis hinaus sachgerecht zum Thema reden zu können, dazu, daß die Abwehr heftiger gerät, als es für die Diskussion förderlich wäre. Dieselbe Unsicherheit auf beiden Seiten führt auch gelegentlich dazu, die Motive der jeweiligen Gegenpartei zu verdächtigen, ein Verfahren, das ebenfalls keineswegs gesprächsfördernd ist. Wie tief die Gräben sind, wird u.a. daran deutlich, daß eine Reihe von Christen angesichts dieser Debatte überlegt, die Kirche zu verlassen, oder diesen Schritt bereits vollzogen hat.

Da die Diskussion kaum von erhellender Sachinformation bestimmt wird, ist ein differenziertes und weiterführendes Gespräch auf der Grundlage der bisherigen Argumentationsreihen kaum zu erwarten. Eine verbindliche Lehrentscheidung möglichst aller evangelischer Kirchen Deutschlands wird immer dringlicher, zum einen, damit eine rechtsverbindliche Grundlage für kirchliches

Handeln geschaffen wird, zum anderen, um destruktive Folgen der in regelmäßigen Abständen immer wieder neu entfachten alten Debatte für die Kirchengemeinden zu verhindern. Bei der Beantwortung dieser Frage gilt es, neben der Verantwortung gegenüber dem biblischen Zeugnis auch das ökumenische Umfeld und die möglichen kirchenpolitischen Konsequenzen zu bedenken.

Es soll nicht unerwähnt bleiben, daß in manchen westlichen Ländern – vornehmlich in den USA – die Einschätzung der Homosexualität gegenwärtig erneut eine allmähliche Wandlung erfährt. Zahlreiche homosexuelle Menschen, die oft jahrzehntelang emanzipatorisch gelebt haben, suchen wegen immer stärker werdender negativer Folgeerscheinungen Hilfe in Therapien, und dies ohne den Druck einer entsprechenden öffentlichen Meinung.

Verschiedene Kirchen haben sich unterdessen, nach jahrelangem Zögern oder auch entgegen früherer anderslautender Entscheidungen, gegen eine Ordination von emanzipatorischen homosexuellen Theologen ausgesprochen.[1]

---

[1] So z.B. die Anglikanische Kirche in: Bennet J. Sime, Sex and homosexuality: A pastoral statement, oder die Vereinigte Presbyterianische Kirche der USA 1979 in: The Church and homosexuality. Wichtig ist auch die Stellungnahme der Kongregation für Glaubenslehre über Seelsorge an homosexuellen Menschen vom Oktober 1986, gerichtet an die Bischöfe der katholischen Kirche, Sekretariat der Deutschen Bischofskonferenz, Bonn.

3. Wer sind die Homosexuellen?

3.1 Zum Begriff

Der Begriff „homosexuell" ist eine Wortschöpfung des homosexuellen ungarischen Journalisten Benkert. Dieser Begriff hat sich in der fachwissenschaftlichen Diskussion inzwischen durchgesetzt und wird auch hier verwendet. Andere Begriffe wie z.B. „schwul" stammen zumeist aus dem Gassenjargon. Sie werden heute von emanzipatorischen Homosexuellen häufig demonstrativ als Selbstbezeichnung gebraucht. Allerdings sind sie auch unter homosexuellen Menschen sehr umstritten.

Von der großen Zahl homosexueller Menschen, die im Verborgenen leben, sind die demonstrativ öffentlich agierenden „emanzipatorischen Homosexuellen" zu unterscheiden.

3.2 Zur Definition

Homosexuell sind erwachsene Menschen, deren erotisches und sexuelles Interesse sich ganz oder vorwiegend auf Partner des eigenen Geschlechts richtet. Dabei bildet nicht das Verhalten des Menschen, sondern die tatsächliche Gefühlsstruktur das ausschlaggebende Kriterium. Denn: Es gibt eine Reihe von Menschen mit praktischen homosexuellen Erfahrungen, die ausschließlich heterosexuell fühlen. Und es gibt eine unbekannte (aber sicherlich hohe) Zahl homosexuell fühlender Menschen, die verheiratet sind und/oder niemals homosexuelle Kontakte hatten.

3.3 Wie häufig ist Homosexualität?

Die Frage nach dem tatsächlichen Prozentsatz homosexuell empfindender Menschen ist kaum zu beantworten. Es sind zu keiner Zeit und nirgends verläßliche repräsentative Untersuchungen durchgeführt worden, die die Gesamtbevölkerung eines Landes erfaßt hätten. Alle Vermutungen und Schätzungen stützen sich auf

Befragungen einzelner besonderer Gruppen, die aber schon eine das Ergebnis verfälschende Vorauswahl darstellen. Aus solchen Untersuchungen sind bisher Zahlen zwischen ein und vier Prozent angegeben worden.

3.4 Unterschiedliche Prägungen homosexueller Gefühlsstrukturen

3.4.1 Allgemeines

Dem außenstehenden Beobachter erscheint die Gruppe der homosexuellen Menschen meist als eine relativ homogene Gruppe, als ein geschlossenes Gegenüber zur heterosexuellen Mehrheit. Sobald man jedoch mehr Einblick in die Lebenswirklichkeit homosexueller Menschen erhält, stellt sich das Erscheinungsbild weitaus vielfältiger und differenzierter dar. ...

Hinzu kommt, daß es kein einheitliches Selbstverständnis homosexueller Menschen gibt. Manche verstehen ihre Homosexualität als eine „normale Variante der Sexualität" in einer Vielzahl möglicher und tatsächlich existierender sexueller Ausprägungen; andere bezeichnen sich als eine Art Zwischengeschlecht, wieder andere sehen sich als die eigentlich gesund Gebliebenen (vor allem, wenn sie auf eine gewisse heterosexuelle Empfindungsfähigkeit hinweisen und sich als bisexuell einstufen), manche sprechen auch offen von einer möglichen Entwicklungsstörung usw.

3.4.2 Die Kinsey-Skala

Bei manchen Autoren und Wissenschaftlern hat sich die Verwendung der aus Amerika kommenden „Kinsey-Skala" zur Bewertung der Stärke homosexueller Empfindungen durchgesetzt. Diese Skala bewertet das sexuelle Empfinden in einem Sieben-Punkte-System. Punkt 0 markiert dabei den Bereich „ausschließlich heterosexuell" und Punkt 6 bedeutet „ausschließlich homosexuell". Die Zwischengrade weisen unterschiedliche Grade von homosexueller bzw. heterosexueller Empfindung auf. Der Aussagewert der Kinsey-Skala ist allerdings äußerst begrenzt. Die ermittelten Werte beruhen ausschließlich auf den subjektiven Angaben des befragten Menschen und lassen sich nicht objektiv überprüfen.

3.4.3 Einteilung nach Hirschfeld

Der Sexualwissenschaftler Dr. Magnus Hirschfeld hat nach einer sehr umfangreichen Untersuchung homosexueller Klienten folgende Klassifizierung der Homosexualität vorgenommen: Nach seiner Darstellung sind

1) 5 Prozent homosexuell Pädophile.
Homosexuell Pädophile sind Menschen, die ein erotisches und sexuelles Interesse ausschließlich oder überwiegend an Kindern des eigenen Geschlechts vor der Pubertät haben. Andere Autoren vermuten höhere Prozentzahlen (bis ca. 11 Prozent).

2) 45 Prozent Ephebophile.
Ephebophile sind homosexuelle Menschen, deren erotisches und sexuelles Interesse sich vorwiegend oder ausschließlich auf Jugendliche richtet, etwa ab der Pubertät bis Anfang zwanzig.
(Nach unserer Erfahrung ist dieser Prozentsatz wesentlich höher und umfaßt sicherlich die überwiegende Mehrzahl der homosexuell fühlenden Menschen.)

3) 45 Prozent Androphile.
Androphile sind homosexuelle Menschen, die sich besonders erwachsene Menschen als Partner wünschen. (Nach unserer Erfahrung ist diese Zahl geringer.)

4) 5 Prozent Gerontophile.
Das sind homosexuelle Menschen, deren Interesse ausschließlich auf sehr alte Menschen gerichtet ist. (Auch dieser Prozentsatz liegt sicher niedriger.)

Dieser Klassifizierung ist hinzuzufügen, daß homosexuelle Menschen nicht selten in verschiedenen Lebensphasen (oder auch bei unterschiedlichen Stimmungen) verschiedene Partner bevorzugen. So kommt es vor, daß ein homosexueller Mann durchaus zu einem bestimmten Zeitpunkt einen erwachsenen Mann und zu einem anderen einen Jugendlichen als Freund bevorzugt. Gelegentlich kommt es auch vor, daß zur gleichen Zeit Partner aus verschiedenen Gruppen gesucht werden.

3.4.4 Verwandte Erscheinungsformen

Neben dem Phänomen der Homosexualität gibt es weitere nicht-heterosexuelle erotische und sexuelle Erscheinungsformen. Der Übersicht halber sollen einige hier kurz erwähnt werden.

1) Bisexualität

Unter Bisexuellen versteht man allgemein Menschen, die neben einem gewissen homosexuellem Empfindungsvermögen (von unterschiedlicher Stärke) auch heterosexuelle Empfindungen haben. Von manchen Autoren wird die Bisexualität als das Ideal der menschlichen Liebesfähigkeit angesehen. Nach unserer Kenntnis sind Bisexuelle eigentlich homosexuelle Menschen, die einen unterschiedlich stark ausgeprägten Rest an heterosexueller Empfindungsfähigkeit besitzen, wobei das Verhältnis der unterschiedlichen Empfindungen von Person zu Person sehr stark variiert. Beide Empfindungen – homosexuelle und heterosexuelle – sind niemals gleichzeitig und gleichstark in einem Menschen aktiv. Die eine Seite verdrängt jeweils die andere. Oft sind homosexuelle Empfindungen mit eher negativen Stimmungen, heterosexuelle Empfindungen mehr mit positiven Stimmungen verbunden. Bisexualität ist ein unpräziser Begriff.

2) Transvestitismus

Transvestiten sind Menschen, die aus sehr unterschiedlichen Motiven Kleider des anderen Geschlechts tragen und daraus einen emotionalen Gewinn ziehen. Es können homosexuelle Menschen sein, die auf diese Weise werbenden Eindruck auf gleichgeschlechtliche Partner machen wollen. Meist sind es jedoch heterosexuelle Menschen, die durch die Verkleidung selbst erotisch angeregt werden. Neigungen zum Transvestitismus können schwere Zwänge sein, die betroffene Menschen, die dieser Neigung nicht nachgeben wollen, in quälenden Wach- oder Traumzuständen sehr belasten.

3) Transsexualität

Transsexuelle sind homosexuelle Menschen mit der festen Überzeugung, daß sie eigentlich einen falschen Körper zu ihrer Seele haben. Sie haben ein ausschließlich erotisch-sexuelles Interesse an Partnern des eigenen Geschlechts, lehnen aber die eigene Geschlechtsidentität für sich selbst ab. Um der eigenen Widersprüchlichkeit zu entgehen und sich ihrem Partner besser hingeben zu können, streben sie durch eine Genitaloperation die „Umwandlung" in das andere Geschlecht an.

Transsexuelle leiden unter einer sehr schweren Störung, die – so muß man befürchten – durch die Operation nicht beseitigt, sondern irreversibel festgelegt wird. Der Wunsch nach Geschlechtsumwandlung wird in Deutschland immer häufiger geäußert. Mediziner und Psychologen sind noch nicht zu einer einheitlichen Beurteilung dieses Eingriffs gekommen. In mehreren Ländern der westlichen Welt werden diese Operationen bereits seit Jahren durchgeführt, so z.B. vor allem in der John-Hopkin-Universität (USA) und in der Freien Universität Amsterdam. Die Eingriffe sind aufwendig und kostspielig, die Ergebnisse sind auch aus medizinischer Sicht sehr umstritten.

4) Homosexueller Sadismus bzw. Masochismus

Sadistische und masochistische Erscheinungsformen gibt es auch unter heterosexuellen Menschen, wo sie dem Bereich der sexuellen Neurosen zugeordnet werden. Gelegentlich kann man die Ansicht hören, die meisten Homosexuellen seien sogenannte „M- oder S-Typen" (Masochisten oder Sadisten). Diese These erscheint insofern als nicht ganz abwegig, als die Sehnsucht nach Schmerzen bzw. die Tendenz, mit Opfern mitzuleiden, der Gefühlsstruktur vieler homosexueller Menschen entspricht.

3.4.5 Homosexuelle Dauerpartnerschaften

Gelegentlich wird eine Unterscheidung zwischen verschiedenen Ausprägungen der homosexuellen Lebensweise dahingehend vorgenommen, daß die einen promisk (d.h. in ständig wechselnden Partnerbegegnungen) leben wollen, während andere einen Freund für eine Dauerpartnerschaft suchen.

Alle bisher vorliegenden diesbezüglichen Untersuchungen haben ergeben, daß eine homosexuelle Dauerpartnerschaft im Sinne einer stabilen eheähnlichen Gemeinschaft nicht zu finden war. Was als Dauerpartnerschaft bezeichnet wurde, waren mehr oder weniger lose bzw. zeitlich befristete Verbindungen. So konnte bereits eine mehrwöchige Beziehung als Dauerpartnerschaft bezeichnet werden. Aussagen über die zukünftige Dauer waren damit nicht verbunden. In Beziehungen, die z.T. bereits einige Jahre bestanden, gab es häufig neben dem einen „festen Freund" eine Vielzahl anderer Sexualpartner. Von homosexuellen Autoren selbst wird angegeben, daß es innerhalb einer Dauerpartnerschaft durchaus 50 andere Sexualpartner pro Jahr geben kann. Ebenso wird davon gesprochen, daß – günstige äußere Bedingungen für die Partnerfindung vorausgesetzt – die durchschnittliche Zahl der Sexualpartner im Leben eines homosexuellen Menschen 1000 übersteigen kann. Angesichts dieser Beobachtungen erscheint das Reden von homosexuellen Dauerpartnerschaften mehr als fragwürdig. Der bekannte Sexuologe Martin Dannecker, selbst Vertreter der homosexuellen Emanzipation, äußerte sich dahingehend, daß das Reden von Dauerpartnerschaften zur Strategie der Anfangsphase des Ringens um die Emanzipation gehöre; zur Natur der homosexuellen Empfindung gehöre aber die Promiskuität.[2]

3.5 Zusammenfassung

Die Gruppe der homosexuell empfindenden Menschen ist keine einheitliche Größe. Die Vielgestaltigkeit und die Besonderheiten der individuellen homosexuellen Gefühlsstrukturen lassen äußerste Vorsicht vor kurzschlüssigen Pauschalisierungen als geboten erscheinen. Es ist vielmehr davon auszugehen, daß jeder homosexuelle Mensch eine individuell spezifische Ausprägung seiner Gefühlsstruktur erfahren hat.

---

[2] Vgl. Dannecker, M./Reichl, R., Der gewöhnliche Homosexuelle, S. Fischer Verlag Frankfurt 1975.

4. Zur Entmythologisierung der „naturwissenschaftlichen" Debatte

4.1 Vorbemerkungen

In der Debatte um die Homosexualität werden auch wissenschaftliche (oder pseudowissenschaftliche) Argumente angeführt. Viele dieser Argumente werden als erhärtete Fakten oder Beweise dargestellt und nicht selten ungeachtet begründeter Widerlegungen weitergegeben, um die eigene Auffassung zu untermauern.

Tatsache ist, daß es bis heute kein plausibles und wissenschaftlich anerkanntes Argument für die Annahme gibt, daß Homosexualität durch normale und natürliche Ursachen hervorgerufen und damit eine natürliche Ausprägung der Sexualität sei. Die Art und Weise, wie mit gelegentlich ins Gespräch gebrachten Überlegungen umgegangen worden ist, gleicht eher einer Mythologisierung als einer wissenschaftlichen Debatte. Ungesicherte Argumente, die als „Beweise" gebraucht werden, nennen wir deshalb Mythen. Wir unterscheiden dabei „alte" Mythen, mit denen man früher das Phänomen der Homosexualität zu erklären versuchte, meist in der Annahme, es handle sich dabei um eine unnormale Entwicklung, und die „modernen" Mythen, die heute meist aus dem Bereich der proemanzipatorischen Autoren stammen.

4.2 Alte Mythen

1) Homosexualität sei eine Folge heterosexueller Übersättigung
Richtig ist: Die meisten homosexuellen Menschen haben eine homosexuelle Gefühlsstruktur bereits in jugendlichem Alter und manchmal auch vor jeglichem sexuellen Kontakt.

2) Homosexualität sei durch Ansteckung übertragbar
Diese These ist unhaltbar. Auch eine „Verführung" zum homosexuellen Fühlen ist nach heutigen wissenschaftlichen Erkenntnissen bei psychologisch gesunden jungen Menschen ausgeschlossen. Selbst heterosexuelle Strichjungen, die sich zum Gelderwerb für

homosexuelle Kontakte verkaufen, werden kaum homosexuell. Gefährdet sind allerdings Jugendliche, die stark unter Komplexen hinsichtlich ihrer Geschlechtszugehörigkeit leiden und eine gebrochene soziale Identität und/oder ein gering ausgeprägtes Selbstwertgefühl haben. Fast alle homosexuellen Menschen gehören zu dieser Gruppe.

3) Homosexualität sei eine selbstgewählte Triebrichtung
Ebenfalls eine nicht zu beweisende These. Nach Aussagen von homosexuellen Klienten wünschen die meisten homosexuell fühlenden Menschen, daß sie anders leben könnten, selbst wenn sie ihren Gefühlszustand akzeptiert haben. Da sie subjektiv ihre Gefühlswelt als etwas Vorgegebenes erleben, sind viele der Meinung, daß es sich um eine natürliche und schöpfungsgemäße Vorgabe handeln müsse.

4) Homosexualität sei eine Folge dämonischer Besessenheit
Auch diese Auffassung gehört in den Bereich der Mythen. Zwar steht jeder Mensch – und damit auch jeder homosexuelle Mensch – in der Gefahr, der Sünde und den Dämonien dieser Welt zu unterliegen. Die Ursachen der Homosexualität sind jedoch nicht hier zu suchen; vielmehr zeichnen dafür nach allen bisherigen Erkenntnissen innerseelische Störungen verantwortlich (die auch eine Folge schuldhaften Verhaltens der Umwelt sein können). Allerdings gibt es gerade unter christlich geprägten homosexuellen Menschen viele, die schnell bereit sind, der Besessenheitstheorie Glauben zu schenken. Diese These bietet zumindest eine Erklärung für die vom Betroffenen selbst als zwanghaft erlebten, ungewollten homosexuellen Empfindungen, und zwar eine Erklärung, die die Ursache des Übels außerhalb der eigenen Person ansiedelt. Manche sind ständig auf der Suche nach Fürbitte- und Segnungsangeboten (auch sog. Befreiungsdiensten oder exorzistischen Versammlungen). Nicht wenige aber haben nach vielen enttäuschten Hoffnungen auf eine derartige Befreiung den Glauben überhaupt aufgegeben.

5) Homosexualität sei eine besonders schwere Sünde
Auch diesem Satz kann man keine Gültigkeit zusprechen. Praktizierte Homosexualität wird in der Heiligen Schrift nicht als außer-

gewöhnlich hervorgehoben. Sie steht dort in einer Reihe mit anderen sündhaften Verhaltensweisen wie Habgier, Diebstahl, Trunksucht, Ehebruch u.a. (1 Kor 6,9-11). Homosexuelles Empfinden an sich ist keine Sünde, sondern emotionale Folge einer psychologischen Fehlentwicklung. Praktizierte Homosexualität aber widerspricht dem Schöpfungswillen Gottes und ist Sünde im Sinne von Zielverfehlung (Sünde = griech. *hamartia* = „Zielverfehlung").

6) Homosexualität sei ein Zeichen für die Dekadenz der
Menschheit
Für die Richtigkeit einer solche Annahme gibt es keinerlei Anzeichen. Mit Sicherheit tritt Homosexualität in chaotischen psychosozialen Verhältnissen häufiger auf. Das deutet aber eher darauf hin, daß es sich um ein Ergebnis tragischer Lebensumstände, also „dekadenter" sozialer Strukturen, handelt und nicht um einen allgemeinen Verfall der Menschheit.

4.3 Moderne Mythen

1) Homosexualität sei eine normale und natürliche Variante der
Sexualität
Gegen diese Annahme sprechen die biologischen Tatsachen. Jeder Mensch ist entweder als Mann oder als Frau geschaffen und körperlich, seelisch und geistig auf das jeweils andere Geschlecht bezogen. Das biologische Prinzip der Finalität besagt, daß ein Organismus im Moment der Befruchtung der Eizelle bereits auf sein Ziel hin entworfen ist, einen bestimmten Menschen, einen Mann oder eine Frau, hervorzubringen. Dabei sind die körperlichen Strukturen dieser Bestimmung nicht von den entprechenden seelischen Strukturen zu trennen. Kommt es im Laufe der Entwicklung nicht dazu, daß diese Zielvorgabe im umfassenden Sinn erreicht wird, liegt eine Entwicklungsstörung und damit im Grunde eine Erkrankung vor. Homosexualität ist eine Abweichung von der biologischen Norm im Bereich der Empfindungsfähigkeit. Selbst nach der Logik der Evolutionstheorie wäre es evolutionärer Unsinn, wenn die Natur eine Spezies des Menschen hervorbringen würde, die nicht der Reproduktion der eigenen Art diente.

2) Homosexualität sei eine pränatale Kondition (vorgeburtliche Festlegung)

Ohne auf die Vielzahl der Argumente einzugehen, die in diesem Zusammenhang vorgebracht worden sind, kann heute gesagt werden: Abgesehen von einigen vagen, verschieden interpretierbaren Befunden bei speziellen Gruppen, die aber eher als Folge und sicherlich nicht als Ursache gedeutet werden können, und übrigens meist einmalige Befunde sind, wurden keinerlei nachprüfbare Daten für eine konstitutionelle, genetisch bedingte oder schon im embryonalen Zustand bestehende Verursachung der Homosexualität festgestellt. Gegen alle bisher aufgestellten Theorien sind hinreichend begründete Widersprechungen vorgelegt worden.

3) Homosexualität sei die Folge eines verschobenen Sexualhormonspiegels

Auch diese These kann nicht akzeptiert werden. Die vorgelegten Arbeiten von Prof. Dörner u.a. sind in der Fachwelt der Endokrinologen nicht anerkannt worden. Neben anderen Gegenargumenten verdient die Beobachtung Beachtung, daß ein bestimmtes Verhalten den Hormonhaushalt des Menschen beeinflussen kann. So können Veränderungen im Hormonspiegel das Ergebnis eines bestimmten Verhaltens und müssen nicht dessen Ursache sein.

Geradezu als Gegenargument kann die Tatsache gelten, daß auch Menschen, bei denen hormonelle Abweichungen nachgewiesen wurden, nicht mit statistisch wahrnehmbarer größerer Wahrscheinlichkeit homosexuell werden.

4) Homosexualität sei in der Kindheit (zwischen 2 und 4 Jahren oder zwischen 4 und 7 Jahren) geprägt worden

Mit Sicherheit wird ein Kind in diesem Alter nicht homosexuell. Jedoch eignet es sich in diesem Alter durchaus Vorbilder und Verhaltensmuster für „richtiges" oder „falsches" Verhalten an. So werden z.B. die kindlichen Vorstellungen von männlichem und weiblichem Verhalten u.a. am Verhalten der Eltern abgelesen und „gelernt". Die angegebene Altersspanne kann jedoch insofern im Zusammenhang stehen mit einer späteren Homosexualität, als in dieser Entwicklungsphase auch entscheidende Defizite im Selbstwertgefühl des Kindes angelegt werden können, die die Herausbildung einer homosexuellen Gefühlsstruktur begünstigen können.

5) *Homosexualität sei irreversibel*
Diese Behauptung ist schlicht falsch. Eine Vielzahl ehemals ausschließlich homosexuell fühlender Menschen, die einen Weg der Veränderung ihres Empfindens gesucht und gefunden haben, widerlegen diese Aussage. Bereits die Erfahrung eines einzigen homosexuellen Menschen, von ausschließlich homosexuellem zu ausschließlich heterosexuellem Empfinden zu gelangen, offenbart diese These als Zweckideologie.

6) *Homosexualität sei bei Naturvölkern völlig akzeptiert*
Bei den meisten sog. Naturvölkern wird Homosexualität hart verfolgt. Allerdings gibt es Kulturen, in denen gegenüber homosexueller Praxis eine sehr tolerante Haltung eingenommen wird. Nirgendwo auf der Welt aber ist Homosexualität als eine wirkliche Alternative zur heterosexuellen Gemeinschaft völlig akzeptiert worden.

7) *Homosexualität sei die höchste Form der Liebe*
Diese Behauptung erscheint höchst fragwürdig angesichts der Wirklichkeit der homosexuellen Subkultur. Die Lebensführung sehr vieler emanzipatorischer Homosexueller ist nicht selten bestimmt von quälender Angst um den Verlust des Partners, von rastloser Suche nach neuen Partnern und häufig von schweren Verwicklungen in erniedrigende Abhängigkeiten und gegenseitige Erpressungsversuche. Diese Realitäten offenbaren die Absurdität der obigen Behauptung.

8) *Die neurotischen Probleme homosexueller Menschen seien eine*
   Folge gesellschaftlicher Diskriminierungen
Die Lebenswirklichkeit emanzipatorischer Homosexueller in Ländern, in denen Homosexualität gesellschaftlich weitgehend akzeptiert ist, läßt erkennen, daß trotz des Wegfalls gesellschaftlicher Diskriminierung neurotische Probleme homosexueller Menschen (z.B. Depression, Alkoholismus und innere Zerrissenheit) keineswegs abnehmen. Die Wurzel der Schwierigkeiten homosexueller Menschen liegt nicht in der gesellschaftlichen Ablehnung, sondern

in einer defizitären Entwicklung des Gefühlslebens. Diese Schwierigkeiten werden nicht vermindert, indem die homosexuellen Neigungen in homosexuelle Praxis umgesetzt werden, sondern sie werden dadurch eher verstärkt. Damit ist zugleich die Folgebehauptung widerlegt, ein Wegfall der gesellschaftlichen Tabuisierung der Homosexualität würde zugleich die emotionalen Probleme homosexueller Menschen beseitigen.

9) Homosexualität komme auch im Tierreich vor
Homosexualität im Sinne einer andauernden sexuellen Orientierung auf das eigene Geschlecht ist nirgendwo bei Tieren in ihrem natürlichen Umfeld beobachtet worden. Die Fälle, die gerne als Beispiele angegeben werden, sind das Ergebnis menschlicher Manipulationen, der Gefangenschaft oder des Fehlens eines geeigneten Partners.

10) Homosexuelle Partnerschaften seien wesentlich intensiver als heterosexuelle Beziehungen
Nicht selten hört man Behauptungen wie die folgende: „Ein Jahr homosexueller Partnerschaft entspricht 15 Ehejahren." Mit dieser Theorie soll offenkundig der Promiskuität homosexueller Beziehungen eine Rechtfertigung geliefert werden.

11) Es gab schon immer 5 Prozent homosexueller Menschen
Die Behauptung dieser sogenannten „biologischen Konstante" ist nicht zu belegen. Selbst wenn man, wie z.B. Alfred Kinsey, annimmt, daß sogar 10 Prozent der Bevölkerung homosexuell veranlagt sein könnten, ist mit diesem Zahlenspiel nichts über die Ursache und über die Bewertung von Homosexualität ausgesagt.

12) Jeder Mensch sei eigentlich bisexuell veranlagt
Diese These wird nicht selten mit dem Ziel vertreten, eine theoretische Möglichkeit zu begründen, aus der heraus die Entwicklung zur Homosexualität als normale Entwicklung verstanden werden könnte. Von proemanzipatorischen Autoren wird dies gern noch weiter ausgedeutet: Weil der Mensch im Grunde bisexuell sei, müßte es eigentlich 50 Prozent homosexueller Menschen geben. Andere meinen, daß jeder gesunde Mensch eine homosexuelle Seite in seinem Empfinden haben müsse. Da die gesellschaftliche

Erziehung aber auf Heterosexualität als Norm ausgerichtet sei, würde die homosexuelle Seite in der Regel verkümmern.
Obgleich einige Nachfolger von Kinsey diese These verbreiten, gibt es keine Befunde, die sie unterstützen könnten.

13) Die Einbeziehung von Kindern in sexuelle Praktiken sei für diese Kinder unschädlich
Diese Behauptung ist kein Ergebnis neuerer Einsichten in die Gesetzmäßigkeiten einer harmonischen Entwicklung von Kindern, sondern entspringt vielmehr pädophilen Interessen. Hier dürfte der Wunsch der Vater des Gedankens sein. Die verifizierbaren Ergebnisse der Entwicklungspsychologie und der Pädagogik sowie die Selbstaussagen der frühzeitig durch sexuellen Mißbrauch geschädigten Menschen in psychotherapeutischen Gesprächen widersprechen dieser These aufs deutlichste. Nicht das „frühzeitige Training", sondern die seelische Reife des Menschen entscheidet darüber, ob der Mensch einmal ein auch in sexueller Hinsicht erfülltes Leben führen kann oder nicht.

4.4 Der gegenwärtige Stand

Die bisher vorliegenden naturwissenschaftlichen Erkenntnisse lassen keinesfalls den Schluß zu, daß Homosexualität als eine normale und natürliche Variante der Sexualität zu werten sei.
In zunehmendem Maße werden Erfolge bei der psychotherapeutischen Behandlung homosexueller Menschen bekannt. Die Ergebnisse dieser erfolgreichen Behandlungen legen die Folgerung nahe, daß bei der Frage nach den Ursachen einer homosexuellen Gefühlsstruktur ausschließlich psychosoziale Faktoren eine Rolle spielen.
Die fortschreitende Liberalisierung der Gesellschaft und die zunehmende Akzeptanz gegenüber emanzipatorischen Homosexuellen folgt nicht – wie oft behauptet wird – wissenschaftlichen Einsichten, sondern ist Ausdruck einer bestimmten Strömung des Zeitgeistes. Da bisher in Deutschland kaum überzeugende seelsorgerliche Hilfen oder gezielte psychologische Therapien zur Begleitung ratsuchender homosexueller Menschen angeboten wurden, die einige Aussicht auf Erfolg bieten, ist es naheliegend anzuneh-

men, daß in Ermangelung einer Alternative die faktische Lebens-wirklichkeit homosexueller Menschen stärker anerkannt werden müsse. Diese verständliche Entwicklung bedeutet aber nicht, daß damit das letzte Wort in dieser Frage schon gesprochen ist. In dem Maße, wie homosexuell lebende Menschen aus der Subkultur in die gesellschaftliche Öffentlichkeit treten, wird die homosexuelle Lebenswirklichkeit selbst die Frage nach ihrer Normalität aufwerfen.

Mit der Veröffentlichung der Forschungs- und Therapieergebnisse des niederländischen Psychotherapeuten Dr. Gerard van den Aard-weg ist die psychologische Diskussion erneut erweitert worden. Derzeit wird auf dem Hintergrund dieser Erkenntnisse in verschiedenen Ländern der Welt erfolgreich gearbeitet. Eine grundlegend neue Einschätzung der Homosexualität durch verschiedene Psychologen und Psychiater ist bereits heute in den USA anhand der dort gemachten praktischen Erfahrung erkennbar.[3]

Im Interesse der betroffenen homosexuellen Menschen, die eine Alternative zur homosexuellen Festlegung suchen, ist zu hoffen, daß Kirche und Gesellschaft in der Zukunft stärker als bisher Auswege aus dieser für den betroffenen Menschen belastenden Fehlentwicklung anbieten.

Wir sehen in jeder Form der Homosexualität eine Entwicklungsstörung. Deshalb halten wir den Rat, Homosexualität als eine normale Gegebenheit im Leben zu akzeptieren und entsprechend zu leben, für schädlich und verantwortungslos.

---

3 Vgl. z.B. J. Nicolosi: Reparative Therapy of Male Homosexuality, Northvale, N.J./London: Jason Aronson, 1991.

5. Was sagt die Heilige Schrift zu homosexuellen Lebensformen?

Der theologische Streit um die richtige Auslegung der einschlägigen Textstellen ist mittlerweile kaum noch überschaubar. Je nachdem, welchen Standpunkt der Betrachter einnimmt, führt das erkenntnisleitende Interesse zu entsprechenden Ergebnissen. Wir wollen uns hier nicht dieser fruchtlosen Diskussion anschließen.[4] Angesichts der Vielzahl der in diesem Streit bemühten Argumente sehen wir die folgenden vier grundlegenden Aussagen der Heiligen Schrift als die Eckdaten einer notwendigen theologischen Reflexion bei der Beurteilung homosexueller Lebensformen an:

1) Gott schuf den Menschen als Mann und Frau, aufeinander bezogen und zur einander ergänzenden Gemeinschaft. Die anthropologischen Schöpfungsaussagen lassen keinen Raum für eine Deutung der Homosexualität als einer von Gott gewollten Schöpfungsvariante (vgl. 1 Mose 1 und 2).

2) Homosexuelle Praxis ist Jahwe ein Greuel (3 Mose 18,22; 20,13).

3) Der Apostel Paulus rechnet homosexuelle Praxis zu den möglichen Formen des psychosozialen Chaos, welches seine Wurzeln in der Abwendung von Gott dem Schöpfer hat, im geistlichen Chaos. Der Mensch, der sich von Gottes Ordnungen nicht mehr leiten läßt, verfällt seinen eigenen, möglicherweise chaotischen, emotionalen Impulsen. So ist er dahingegeben an das „Nichtige in seinen Gedanken" (und Gefühlen). Indem er sich für „weise" hält, wird er zum Spielball des Irrtums (Röm 1,18ff).

4) Der Apostel Paulus bezeugt die Möglichkeit einer Abwendung von homosexueller Praxis durch die Hinwendung zu Gott und das Angebot der geistlichen Erneuerung durch die Kraft des Evangeliums (1 Kor 6,9ff).

Diese vier Aussagen sind von grundlegender Bedeutung und geben uns den notwendigen Orientierungsrahmen für unsere Fragen nach der Einordnung der Homosexualität aus biblischer Sicht.

---

[4] Für eine ausführliche Darstellung siehe Helmuth Egelkraut in: Roland Werner, Christ und homosexuell?, Moers 1981. Außerdem unter 15.1.

ZWEITER TEIL

Zur Analyse
der Homosexualität

6. Zur Entwicklung einer homosexuellen Gefühlsstruktur

Die folgenden Beobachtungen wollen keine vollständige Analyse der möglichen Ursachen von Homosexualität leisten. Es sind Ausschnitte aus Lebenserfahrungen zahlreicher homosexueller Menschen. Insofern sich darin wiederkehrende Muster, Parallelen und auffällige Ähnlichkeiten erkennen lassen, können sie als repräsentativ gelten. Sie sind hier aufgeführt mit dem Ziel, ein Stück Einsicht in mögliche Entstehungszusammenhänge und Verständnis für die betroffenen Menschen zu bewirken.

6.1 Charakteristische Züge von Müttern homosexueller Menschen (Mutterbeziehung)

In Gesprächen mit homosexuellen Menschen fällt auf, daß meist, aber nicht immer, eine besondere Beziehung zur Mutter bestand. Homosexuelle Männer berichten oft von einer engen Mutterbindung. Bei genauerem Nachfragen erwies sich häufig, daß viele dieser Mütter überängstlich und überbesorgt waren. Sie versuchten, ihrem Kind alle Probleme aus dem Wege zu räumen und verhinderten damit, daß sich das Kind in den alltäglichen Auseinandersetzungen seinem Alter entsprechend entwickeln konnte. Überbehütung führt in der Regel zu Abhängigkeit und Unselbständigkeit des heranwachsenden Menschen. Er bleibt oft auch später auf die Unterstützung und Hilfe einer „großen Mutter" angewiesen.
Manche Betroffenen berichten, daß die Mutter eigentlich gern eine

Tochter gehabt hätte und ihren Sohn dies (direkt oder indirekt) durch Worte oder durch die Art der Erziehung auch wissen ließ. Die bewußt feminine Erziehung eines Jungen bringt für ihn vielfältige Probleme mit Altersgenossen mit sich. Er wird sich im Zusammensein mit anderen Jungen fremd fühlen und umgekehrt von den anderen als fremd oder anders abgelehnt werden.

Homosexuelle Frauen hatten oft kein wirklich warmherziges Verhältnis zu ihrer Mutter. Die Mütter waren manchmal zu hart, fordernd und distanziert, andere gaben den Töchtern ihre eigene Abneigung gegen die „bedrohlichen" Männer oder gegen die „erniedrigende" Rolle als Frau weiter. Wieder andere bezogen ihre Töchter als Vertraute in ihre Eheschwierigkeiten ein. Diese hatten dann oft eine Art Beraterin-Verhältnis zu ihren Müttern. Manche Mütter wünschten sich einen Sohn und unterstützten die jungenhaften Züge ihrer Töchter. Solche homosexuelle Frauen werfen gelegentlich ihren Müttern vor, daß sie ihnen nicht geholfen haben, sich in der Welt der Frauen zurechtzufinden.

Aufschlußreich ist auch, daß sich viele homosexuelle Frauen einfach danach sehnen, bei einer mütterlichen Frau Kind sein zu dürfen.

6.2 Charakteristische Züge von Vätern homosexueller Menschen (Vaterbeziehung)

Die Beziehung zum Vater war bei fast allen homosexuellen Männern mangelhaft. Viele Väter traten dem Kind abweisend oder ablehnend gegenüber. Vielfach waren die Väter überkritisch oder in ihren Äußerungen destruktiv. Manche Väter waren ängstliche und schwache Persönlichkeiten, mit denen sich das Kind nicht identifizieren wollte oder die es nicht als einen richtigen Vater anerkennen konnte. Andere Väter waren einfach „psychologisch abwesend", d.h. sie hatten kein wirkliches Interesse an ihrem Kind oder waren innerlich gegenüber der Familie distanziert.

Viele homosexuelle Frauen berichten ebenfalls von Auffälligkeiten in ihrem Verhältnis zum Vater. Manche hatten eine besonders enge Vaterbeziehung, andere erlebten ihre Väter als negativ und abweisend oder als wenig interessiert an ihrer Tochter.

Viele homosexuelle Menschen hatten auch gar keine Erfahrungen mit Vätern.

Ein problematisches Verhältnis zu den Eltern ist für Kinder immer verhängnisvoll. Kinder brauchen die aufrichtige Anerkennung beider Elternteile, eine Mutter, die sie bedingungslos liebt und ihnen den notwendigen Freiraum zu ihrer Entwicklung läßt, und einen Vater, der ein aufrichtiges Interesse an ihnen hat und ihnen hilft, den Weg ins Leben, zu Gott und in die Welt zu finden. Außerdem ist es wesentlich, daß beide Eltern ihre Kinder ermutigen und ihnen helfen, ihre biologische Rolle als Jungen bzw. als Mädchen zu bejahen und anzunehmen.

6.3 Das Verhältnis zu gleichaltrigen Kindern und Jugendlichen

Eine besonders verheerende Wirkung auf das Selbstwertgefühl heran-wachsender Menschen hat auch ein negatives Verhältnis zu den gleichaltrigen Kindern oder Jugendlichen. Bei später homosexuell fühlenden Menschen spielt meist das Verhältnis zu den Gleichaltrigen des eigenen Geschlechtes eine besondere Rolle.

Viele berichten, daß sie sich im Verhältnis zu ihren gleichgeschlechtlichen Altersgenossen meist (oder immer) als Außenseiter gefühlt haben. Dementsprechend stufen sie sich später selbst als „Einzelgänger" ein. Oft hatten sie niemals einen „richtigen Freund/Freundin". Jungen fühlten sich im Verhältnis zu den anderen „richtigen" Jungen als weniger durchsetzungsfähig, anerkannt, stark, jungenhaft u.ä. Manche waren auf Grund ihrer inneren Unsicherheit immer das „schwarze Schaf", auf dem sich aller Ärger entlud, manche bekamen regelmäßig „Klassenkeile", andere waren wegen sozialer Umstände, überbesorgtem Verhalten der Eltern, unsozialem Verhalten des Vaters o.ä. Zielscheibe für den Spott der Klassenkameraden.

Manche homosexuelle Frauen berichten, daß sie als Kind ein „kleiner Wildfang" waren und oft zu hören bekamen, daß an ihnen „ein Junge verloren gegangen sei". Weil diese Rolle auch eine besondere Aufmerksamkeit der Eltern oder anderer mit sich brachte, richteten sie sich darin ein. Andere fühlten sich aus der Gruppe der anderen Mädchen ausgeschlossen, weil sie aus verschiedenen Gründen nicht an der modischen Entwicklung teilnehmen konnten. Manche homosexuelle Frauen waren die ältesten Töchter und hatten zu früh Mutterersatz für die Familie zu spielen. Andere wuchsen in einer Geschwisterreihe von Brüdern auf und waren viel stärker mit den Vorstellungen der Jungen vertraut als mit denen von Mädchen und Frauen. Diese Problematik findet sich entsprechend auch bei Männern, die nur Schwestern im Geschwisterkreis hatten. Nicht selten sind homosexuelle Männer die jüngsten Söhne in einer Reihe von Brüdern, manchmal mit großem Altersunterschied (der „Nachzügler"). Da sie sich niemals den älteren gewachsen fühlten, entwickelte sich die Vorstellung, kein richtiger Junge zu sein. Die Palette der Möglichkeiten, aus der Gruppe der gleichgeschlechtlichen Altersgenossen ausgeschlossen zu werden, ist groß. Was immer hier genannt wird – Unterlegenheitsgefühle im Sportunterricht, eine längere Krankheit, besondere Anfälligkeiten für Infektionen, Isolation auf Grund einer nicht mehrheitlich vertretenen religiösen, politischen oder weltanschaulichen Überzeugung, überzogene Erziehungsvorstellungen der Eltern („Diese anderen Kinder sind kein Umgang für dich") – die Ergebnisse ähnelten sich in der Regel und lassen sich mit folgenden Merkmalen beschreiben:

1) das Gefühl, zur Gruppe der anderen nicht wirklich dazuzugehören (diese subjektive Überzeugung muß keineswegs objektiv begründet gewesen sein; sie prägt jedoch das Selbstverständnis des betroffenen Menschen erheblich);

2) eine negative Selbstsicht bzw. ein Minderwertigkeitsgefühl, das auf der Vorstellung beruht, im Verhältnis zu den anderen Jungen kein richtiger Junge / im Verhältnis zu den anderen Mädchen kein richtiges Mädchen zu sein.

Aufmerksame und anteilnehmende Eltern können solche subjektiven Fehlentwicklungen wahrnehmen und ihnen entgegenwirken, sie abbauen und neutralisieren helfen, indem sie die Selbsteinschätzung des Kindes durch ihre eigene Einschätzung relativieren und ihr Kind mutmachend begleiten. Wo dies nicht geschieht und das in seiner Selbstwertentwicklung schon geschädigte Kind zudem noch ausschließlich kritische Bewertungen von seiten der Eltern erfährt, bleibt es mit seinen deprimierenden negativen Gedanken und Minderwertigkeitsgefühlen allein, was in der Regel dazu führt, daß sich die Minderwertigkeitsgefühle verfestigen und später die gesamte Selbstsicht bestimmen.

6.4 Leiderfahrung und Leidbewältigung in der Kindheit

Leiderfahrungen gibt es in jedem Leben. Wir wachsen in einer gebrochenen Welt auf. So können wir sagen, daß in gewisser Weise Leiderfahrungen in unserem Leben „normal" sind. Jeder Mensch muß lernen, mit den Leiderfahrungen in seinem Leben umzugehen. Die normale und natürliche Reaktion auf Leiderfahrungen ist Traurigkeit. Untersuchen wir Traurigkeit näher, so stellen wir fest, daß es sich in den meisten Fällen um eine Art Selbstmitleid handelt. Trauert z.B. ein Kind über den Verlust eines geliebten Spielzeuges, so bedauert es darin vor allem sich selbst, weil es sein Spielzeug nicht mehr hat. Es fühlt sich bedauernswert und tut sich selbst leid. Selbstmitleid ist ein Mitleid mit dem „armen Ich", eine Form der Selbsttröstung. Es ist ein psychischer Mechanismus, der in gewisser Weise den Verlust ausgleicht, das verlorene Gleichgewicht der Seele durch seine tröstende Wirkung wiederherstellt und so den Verlust überwinden hilft. Insofern ist Selbstmitleid ein natürlicher und notwendiger Selbstschutzmechanismus.

Die Trauer des Kindes muß nach einer angemessenen Zeit abgeschlossen werden. Das Kind muß sein Problem verarbeiten, seine Erkenntnisse daraus gewinnen, das Unabänderliche akzeptieren lernen, seine Tränen wieder trocknen und sich der Welt wieder zuwenden. Bei diesem Lernprozeß können Eltern das Kind unterstützen, indem sie durch ihr Trösten, Anteilnehmen und Erklären, manchmal auch Ablenken oder energisches Relativieren dem Kind helfen, die Leid- oder Verlusterfahrung zu einer positiven Erfahrung werden zu lassen, daß man nämlich die Trauer auch überwinden kann.

6.5 Gefahren andauernden kindlichen Selbstmitleides

Wenn es den Eltern nicht gelingt, einem Kind aus seinem Selbstmitleid herauszuhelfen, kann es geschehen, daß das Kind das Selbstmitleid als ein entspannendes, schönes und warmes Gefühl entdeckt und lieben lernt. Es beginnt, sich innerlich darin einzurichten und wohlzufühlen.

Unbewältigtes kindliches Selbstmitleid begünstigt die Ausprägung eines introvertierten Charakters. Die Aufmerksamkeit des trauernden Kindes wird auf das eigene Ich gerichtet. Sein Elend ist ichbezogen. Da es sich im Selbstmitleid wohlfühlen kann, zieht es sich zurück, damit ihm dieses Gefühl nicht durch Störungen zu schnell genommen wird. In der Zurückgezogenheit wird das Kind sich selbst zum dramatischen Mittelpunkt der Welt. Die Sehnsucht nach dem als angenehm erfahrenen Gefühl des Selbstmitleids läßt nach Ursachen oder Gründen suchen, dieses Gefühl aufrecht zu erhalten; so erklärt sich die Neigung zu ständig weitergehenden Selbstdramatisierungen. Kinder vergessen meist schon während des Weinens den Anlaß ihrer Traurigkeit. Sie können aber lernen, die Traurigkeit festzuhalten, ihr Leben tragisch zu sehen; sie empfinden sich als das Opfer der bösen Welt und der verständnislosen Mitmenschen, ihr Schicksal erscheint ihnen als besonders schlimm, und sie können sich auf diese Weise endlos weiter selbst bedauern.

Kindliches Selbstmitleid ist normalerweise sehr häufig. Entsprechend wichtig ist es, dem Kind eine Überwindung dieser Bewältigungsstrategie zu ermöglichen. Gewöhnt sich das Kind an sein Selbstmitleid als einzigen Ausweg aus Verlust- oder Leiderfahrungen, so kann das Selbstmitleid zu einem chronischen Zustand werden. Das Kind wird es dann lernen, das tröstende Gefühl der Traurigkeit hervorzurufen und sich in ihm wohlzufühlen – auch ohne konkrete Anlässe. So kann eine infantile Sucht nach Traurigkeit entstehen.

Permanentes Selbstmitleid ist ein Gefängnis. Es schränkt die Aufmerksamkeit des Kindes für die Umwelt ein. Das kann eine Reihe schwerwiegender Folgen haben, etwa verminderte Konzentrationsfähigkeit, Antriebsschwäche u.ä. Anzeichen für ein ungesundes infantiles Selbstmitleid können der Tonfall der Stimme oder ständiges Nörgeln (eine Folge des Selbstmitleids) sein. Das Kind steht in Gefahr, sich in seiner eigenen Welt mit seiner tragisch-egozentrischen Selbstsicht einzurichten; und dies ist eine bedenkliche Entwicklung.

6.6 Zur Entstehung von Minderwertigkeitskomplexen

Es gehört zum Wesen der kindlichen Weltsicht, daß das Kind die Welt auf sich selbst bezogen erlebt. Kinder einer bestimmten Altersstufe haben ein egozentrisches „Ich-Wichtigkeitsgefühl". Das zeigt sich an der Neigung zu überhöhten Selbstbildern bei Kindern und an ihrer Empfänglichkeit für Bewunderung und Lob. Gleichzeitig finden wir unter Kindern eine ausgeprägte Neigung, sich mit anderen zu vergleichen. Wenn Kinder zu der Erkenntnis kommen, daß sie im Vergleich mit den anderen Jungen bzw. Mädchen benachteiligt sind, können sie sich minderwertig vorkommen.

Häufige Erfahrungen solcher Benachteiligungen oder Minderwertigkeiten können dazu führen, daß das Kind tatsächlich ein Selbstbewußtsein entwickelt, das von dieser vermeintlichen Minderwertigkeit geprägt ist: Es kommt zu der festen Überzeugung, im Verhältnis zu den anderen tatsächlich minderwertig zu sein.

Es gibt viele Auslöser dafür, daß Kinder Minderwertigkeitskomplexe entwickeln. Mangelhafte schulische Leistungen, fehlende Anerkennung durch die Eltern, das Gefühl des Ausgeschlossenseins aus der Gruppe der gleichaltrigen Jungen und Mädchen, die Unterlegenheit gegenüber älteren Geschwistern usw. können diese negative Selbstsicht fördern. Dabei spielt es keine Rolle, ob diese Sicht objektiv richtig ist. Kinder orientieren sich nicht an den objektiven Tatsachen, sondern überwiegend an ihren Gefühlen und glauben ihren Eindrücken mehr als anderen Argumenten.

Zur negativen und von Minderwertigkeitsgefühlen geprägten Selbstsicht von später homosexuellen Menschen gehört fast immer,

a) daß sie sich als Junge in bezug auf die anderen Jungen bzw. als Mädchen in bezug auf die anderen Mädchen benachteiligt fühlten, oft der Meinung waren, gar kein richtiger Junge bzw. Mädchen zu sein, und

b) sich aus der Gruppe der gleichaltrigen und gleichgeschlechtlichen Kinder und Jugendlichen ausgeschlossen oder davon isoliert fühlten. Sie haben, wie auch immer sie in ihrer Biographie dazu kamen, einen Unmännlichkeits- bzw. Unweiblichkeitskomplex entwickelt.

6.7 Zur Fixierung des kindlichen Selbstbewußtseins

Wenn ein Kind vermutet, daß es benachteiligt ist, wird es sich stärker als andere mit anderen Kindern vergleichen. Verhängnisvollerweise wird es sich vor allem an den Kindern orientieren, die es als beispielhaft empfindet. Im Vergleich mit diesen Vorbildern wird es immer wieder besonders die eigenen Schwächen bestätigt finden. Damit wird die negative Selbstsicht verstärkt und zur festen Überzeugung für das Kind. Je öfter ein Vergleich mit anderen für das Kind negativ ausfällt, um so mehr prägt sich die negative Selbstsicht (Minderwertigkeitskomplexe und Selbstmitleid) der Psyche des Kindes ein, bis sie sich schließlich durch Gewohnheit verselbständigt.

Ein so geprägter Mensch wird sich selbst und die ihn umgebenden Verhältnisse durch die Brille seiner nicht mehr hinterfragten Selbstsicht wahrnehmen; mit dieser „Brille" wird er immer wieder bestätigt bekommen, daß er „arm und benachteiligt" ist. Neue, diese Selbstsicht korrigierende Erfahrungen können kaum gemacht werden, denn die Methode der Wahrnehmung dessen, was er erlebt, hat bereits selektiven Charakter: Sie bestätigt die bewundernswerten Qualitäten der anderen ebenso wie – im Vergleich dazu – die eigene Wertlosigkeit. Äußern sich andere entgegen dieser Erwartung positiv über den Betroffenen, wird dies entweder gar nicht wahrgenommen oder als unglaubhaft abgelehnt.

Auf diese Weise bleibt in der heranwachsenden Persönlichkeit, die sich durch andere Erfahrungen auf anderen Gebieten durchaus weiterentwickelt, ein starres infantiles Selbstbewußtsein erhalten, das die negative Prägung der Kindheit in bezug auf ganz bestimmte Aspekte der eigenen Person festhält.[5]

Wir sprechen mit Blick auf diesen Persönlichkeitsanteil von einem „infantilen Ich", einer Art „innerem Kind". Es handelt sich um einen Persönlichkeitsanteil, der auf einer vergangenen Entwicklungsstufe stehengeblieben ist (negative Selbstsicht der Kindheit, Minderwertigkeitsgefühl), der jedoch das weitere Leben des Men-

---

[5] Mit „negativ" beschreiben wir hier wie im ganzen übrigen Text keine moralische oder theologische Wertung, sondern ausschließlich eine psychologische Auswirkung.

schen wesentlich mitbestimmt. Dieses „innere Kind" wird, wenn es nicht bewußt überwunden werden kann, auch dann noch in gleicher, der Kindheitsrealität entsprechender Weise wirksam sein, wenn sich die Lebensumstände des Menschen grundlegend verändert oder sogar ideal gestaltet haben. Wir nennen es dann ein „inneres Kind aus der Vergangenheit, das sich nun zu Unrecht bemitleidet und beklagt".

6.8 Infantiles Ich und Klagemechanismus

Selbstmitleid braucht immer eine Begründung bzw. Rechtfertigung. Menschen, die unter einem zwanghaften infantilen Ich leiden, erleben, daß sich ihnen negative Gedanken und Gefühle aufdrängen, ohne daß sie selbst immer eine konkrete Ursache nennen können. Das infantile Ich reagiert nicht nur auf tatsächliches oder vermeintliches Leid, sondern wird selbst aktiv, um Ursachen oder Gründe für Selbstmitleid zu produzieren. Es sendet selbständig Impulse aus, die die Selbstsicht des Menschen in der gewohnten Weise bestätigen.

Diese Impulse entsprechen dem zugrundeliegenden Mechanismus und haben immer die gleichen tragischen Themen zum Inhalt, die einst zur Fixierung des infantilen Ichs geführt haben (z.B. „Ich bin eben doch nichts wert", „Alle anderen sind sowieso viel liebenswerter ...", „Ich gehöre eben nicht dazu ...").

Wir nennen diese Impulse Klagen. Wie die Quelle (= das zwanghaft wirkende Selbstmitleid mit den Minderwertigkeitskomplexen) sind auch die Klagen zwanghaft. Sie erscheinen dem betroffenen Menschen wie eine schicksalhafte Macht, der er sich kaum oder gar nicht entziehen kann. Der Klarheit halber sprechen wir deshalb von einem Klagezwang oder einer Klagesucht. Auch homosexuelle Impulse können verstanden werden als Klagen dieser Art.

Ein Beispiel: Ein junger homosexueller Mann ist wegen einer beruflichen Situation, die er als Niederlage empfunden hat, niedergeschlagen. Er reagiert auf die Niederlage mit Selbstmitleid und sieht das eigene Selbstbild, ein Versager zu sein, bestätigt. In dieser Situation tritt das intensive homosexuelle Verlangen auf, Kontakt mit dem starken, erfolgreichen und unternehmungslustigen Arbeitskollegen zu haben. Dabei spielt die Sehnsucht nach Intimität eine wesentliche Rolle, ohne daß es je eine solche Intimerfahrung gegeben hat und ohne daß der junge Mann sich vorstellt, wie ein solches Zusammensein aussehen könnte. Da er keine Möglichkeit sieht, seinen Wunsch zu realisieren, verfällt er in eine grüblerische depressive Stimmung, in der er schließlich nach anhaltenden Überlegungen über die Tragik des Lebens im allgemeinen von der Sinnlosigkeit seines Lebens überzeugt ist. Als verlockender Ausweg aus dieser Situation erscheint der Selbstmord (mit dem zugleich die Vorstellung verbunden ist, daß dann die Umwelt endlich auf seine Leiden aufmerksam werden würde ...).

Ähnlich wie in diesem Beispiel oder auch wieder ganz anders können die inneren Dramen aussehen, mit denen homosexuelle Menschen häufig zu kämpfen haben.

Zwar stellt die homosexuelle Neigung die „Hauptklage" im Leben homosexueller Menschen dar; daneben kann es aber noch weitere Äußerungsformen des „inneren Kindes" geben.

Emotionale Klagen können sein: Negative Gefühle, Zweifel, Angst, Einsamkeit, abrupte Stimmungswechsel, düstere Erwartungen, zwanghafte negative Träume, das Gefühl der Fremdheit in der Gemeinschaft anderer Menschen, Nervosität, Unruhe, innere Zerrissenheit, Spannungen, Ablehnungen ...

Der Klageimpuls kann auch in körperlichen Beschwerden zum Ausdruck kommen: Schlaf- und Bewegungsstörungen, Appetitlosigkeit, Schwierigkeiten beim Harnlassen, „innerer Druck", Atemnot, Asthmaanfälle, Herzrhythmusstörungen, Erschöpfungszustände, Müdigkeit, Verkrampfungen, Kopfschmerzen, unbestimmte Schmerzen aller Art.

Oftmals ist es schwer, hinter bestimmten körperlichen Symptomen die Klagesucht als Auslöser zu erkennen. Vor dem Hintergrund der psychosomatischen Medizin werden Zusammenhänge zwischen seelischer Verfassung und körperlichen Beschwerden jedoch mehr und mehr bewußt.

Auch Alltagserfahrungen können den Zusammenhang verdeutlichen. Viele Menschen haben wahrscheinlich als Kinder vor einer schwierigen Klassenarbeit auch einmal gedacht: Wenn ich jetzt krank wäre, brauchte ich nicht zur Schule. Und sicher haben nicht wenige auch gesagt, daß sie z.B. Bauchschmerzen hätten. Viele dieser Kinder haben dann die Bauchschmerzen auch gefühlt, die sie zunächst nur vorgaben. Damit besaßen sie dann auch eine „objektive" Rechtfertigung für ihr Fehlen in der Schule.

Ein solcher Vorgang ist eine Autosuggestion. Mit dem gleichen Mechanismus arbeitet das „innere Kind". Es kann eine Vielzahl verschiedener körperlicher Symptome aktivieren, um einen Grund zu haben, sich selbst zu bedauern.

6.9 Der homosexuelle Impuls als Klage des „inneren Kindes"

Der homosexuelle Impuls stellt eine von vielen Möglichkeiten dar, mit denen ein infantiles Ich sich Ausdruck verschafft; er ist damit die Spätfolge eines verinnerlichten Kindheitsdramas. Er ist eine Klage, die als Rechtfertigung des zwanghaften Selbstmitleids dienen soll; er liefert dem Menschen Gründe, sich zu bedauern.

Der Klagemechanismus ist deshalb so unausweichlich, weil die Klagen des „inneren Kindes" niemals zu stillen sind. Der Mensch „braucht" die Klagen, um das fixierte negative Selbstbild stets aufs neue zu rechtfertigen. Sie sind stereotype Impulse eines automatisch wirkenden psychischen Mechanismus im homosexuellen Menschen. Selbst wenn der homosexuelle Wunsch eine Befriedigung erfährt, setzt sich das Drama in anderen Variationen fort. Dann kann die Klage heißen: Ach, eigentlich kann er (der homosexuelle Partner) mich ja gar nicht lieben. Ich bin doch so wenig attraktiv, so ein Versager... Sicher bemitleidet er mich nur aus einer überheblichen Position heraus... Er benutzt mich nur für seine Interessen... usw.

In vielen Spielarten drückt sich der klagesüchtige Charakter der homosexuellen Impulse und der sie begleitenden Gefühle aus. Ein aufmerksamer Beobachter wird immer wieder die Wurzeln im fixierten negativen Selbstbild aus der Kindheit/Jugend erkennen: die Überzeugung, kein richtiger Mann bzw. keine richtige Frau zu sein, die chronische Einsamkeit und die quälende Sehnsucht nach einem wirklichen Freund/einer echten Freundin. Er wird entdecken, daß die spezifischen Eigenschaften, die der Wunschpartner aufweisen sollte, gerade die sind, die der Betroffene an sich selbst vermißt. Durch die „Brille" der Unmännlichkeits- bzw. Unweiblichkeitskomplexe – die der/die Betroffene selbst nicht mehr als

Einseitigkeit wahrnehmen kann – und den verselbständigten Selbstmitleidsmechanismus bleibt der homosexuelle Mechanismus erhalten und verfestigt sich sogar weiter, weil immer neue „Erfahrungen", durch diese Brille betrachtet, die problematische Selbstsicht bestätigen.

6.10 Zusammenfassung: Drei Entwicklungsstufen zur Homosexualität

Vereinfachend läßt sich die Entwicklung zur Homosexualität als eine Entwicklung in drei Phasen vorstellen:

1) Der (später homosexuell fühlende) Mensch entwickelt als Kind eine negative Selbstsicht im Blick auf seine Geschlechtsidentität und die Zugehörigkeit zur Gruppe der Gleichaltrigen des eigenen Geschlechts. Er/sie kann sich selbst nicht als richtiger Junge /richtiges Mädchen annehmen und empfinden. Von der Gemeinschaft der anderen Jungen bzw. Mädchen fühlt er/sie sich ausgeschlossen bzw. kommt sich in ihrer Mitte fehl am Platz und fremd vor.

2) Das Kind idealisiert die „richtigen" Jungen bzw. Mädchen. Es schwärmt nun besonders für die Geschlechtsgenossen, die diejenigen Eigenschaften verkörpern, die es an sich selbst so schmerzlich vermißt. Diese Idealisierung prägt die Leitbilder, an denen sich das Kind orientiert, die seine Sehnsucht bestimmen.

3) In der Pubertät werden diese Idealbilder, auf die sich das Kind festgelegt hat, zum Gegenstand für erotische Phantasien und sexuelle Wünsche. Der heranwachsende Mensch wünscht, dem von ihm bewunderten Idol nahe sein zu dürfen. Er möchte den bewunderten Partner anfassen, ihm seine Verehrung mitteilen, von ihm verehrt, bewundert und geliebt werden. So entsteht ein homosexuelles Verlangen, das entsprechend dem zugrundeliegenden sexuellen Impuls nach Intimität strebt. Diese Sehnsucht nach Intimität ist ein verzweifelter Ausdruck der Sehnsucht nach endgültiger und unauflösbarer Einheit.
Der homosexuell fühlende Mensch hat keine Freiheit, seine Gefühle zu wählen oder zu beeinflussen. Er wird von zwanghaften

Klageimpulsen bestimmt. Er fühlt sich mit Macht zu entsprechenden Partnern des eigenen Geschlechts hingezogen. Mögliche andersgeschlechtliche Partner erscheinen ihm entweder als bedrohlich oder als reizlos.

Viele homosexuelle Menschen heiraten dennoch, weil sie wie andere – „normale" – Menschen der gesellschaftlichen Norm entsprechend eine Familie wollen oder den Ehepartner aus anderen Gründen schätzen. Jene allerdings, die sich von einer Ehe die Lösung ihrer Probleme versprechen, werden in der Regel enttäuscht. Der homosexuelle Impuls läßt sich nicht durch eine bestimmte sexuelle Praxis überwinden, ebensowenig wie durch Autosuggestion. In jedem Fall ist es notwendig, die Ursachen zu bekämpfen; die negative Selbstsicht, das Selbstmitleid und das Minderwertigkeitsgefühl.

7. Gesetzmäßigkeiten einer homosexuellen Gefühlsstruktur

7.1 Allgemeines

Wie es zur Ausprägung einer homosexuellen Gefühlsstruktur kommen kann, ist in Grundzügen dargestellt worden. Im Zusammenhang der Ursachenfrage stehen auch Beobachtungen von bestimmten Verhaltensweisen, die häufig bei homosexuellen Menschen anzutreffen sind, und die sich aus ähnlichen Wurzeln herleiten. Nicht alle diese Verhaltensweisen sind in jedem betroffenen Menschen ausgeprägt. Aber sie treten doch so häufig bei homosexuellen Menschen auf, daß sie als „typisch" gelten können.

Viele dieser Verhaltensmuster finden sich auch mehr oder weniger ausgeprägt bei heterosexuellen Menschen, hier besonders im Zusammenhang mit seelischen Störungen anderer Art. Sie sind in der Regel Kennzeichen dafür, daß eine Seite der Persönlichkeit des erwachsenen Menschen die eigentlich altersgemäße Reife noch nicht erreicht hat. Dabei handelt es sich nicht um willentlich gesteuerte oder bewußte Reaktionen, sondern um zwanghafte oder unwillkürliche Abläufe, die den betroffenen Menschen meist stark belasten.

7.2 Unterschiedlich entwickelte Persönlichkeitsanteile

Die Persönlichkeit homosexueller Menschen ist bestimmt durch einander entgegenwirkende Kräfte. Neben einer normal entwickelten Persönlichkeitsseite mit altersgemäß ausgeprägter Begabung und Intelligenz ist eine unreife Seite der Gesamtpersönlichkeit wirksam: das „innere Kind", das auf einer bestimmten Stufe der Kindheit stehengeblieben ist und das jeweils individuelle Kindheitsdrama des betroffenen Menschen fixiert. Dieses „innere Kind" bestimmt das Denken, Fühlen und Verhalten des erwachsenen Menschen, auch seinen Glauben, ganz entscheidend mit. Je nachdem, wie stark das infantile Ich ausgeprägt ist, ist der Mensch mehr oder weniger stark seinen homosexuellen Impulsen und deren Folgen unterworfen, die er ohne konkrete Einsicht in die Zusammenhänge kaum beeinflussen kann.

Viele homosexuelle Menschen erleben ihre homosexuellen Neigungen als eine sie beherrschende Macht, der sie sich gern entziehen möchten. Andere ziehen aus der Erfahrung der „überwältigenden" Macht der homosexuellen Impulse den Schluß, daß sie nicht gegen ihre „eigentliche Natur" leben können, identifizieren sich bewußt mit diesen Emotionen und richten ihr Leben entsprechend ein. Dieses Heraustreten aus dem Verborgenen, das „coming out", stellt für viele zunächst eine befreiende Erfahrung dar. Dieses in der Anfangsphase erfahrene, meist euphorische Gefühl der inneren Befreiung aus einem belastenden Zwang hält aber in der Regel nicht lange an. Der infantile Klagemechanismus verschafft sich dann Ausdruck in anderen Klagen (z.B. in der These: Beziehungsprobleme in der homosexuellen Partnerschaft sind allein die Folge gesellschaftlicher Diskriminierung).

7.3 Vorherrschende Emotionalität

Die Wirksamkeit des „inneren Kindes" bedeutet meist, daß der Mensch sich in seinem Handeln vorrangig an den Gefühlen orientiert. Die vorherrschende Emotionalität ist ein Kennzeichen einer nicht mehr altersgemäßen Entwicklungsstufe: Kinder orientieren sich in der Regel an ihren Gefühlen, Erwachsene dagegen haben gelernt, Gefühl und Vernunft in einem angemessenen Verhältnis zueinander bei ihren Entscheidungen zu berücksichtigen. Sie haben gelernt, ihre Gefühle zu kontrollieren, Lebensumstände zu reflektieren, Entscheidungen vernünftig herbeizuführen und durchzusetzen, und entsprechend zu handeln. Menschen, die diese Aufgabe des Erwachsenwerdens nicht bewältigt und eingeübt haben, lassen sich auch weiterhin vorrangig oder ausschließlich von ihren Gefühlen leiten; sie sind oftmals geradezu ein Spielball ihrer – chaotischen – Stimmungen und erscheinen „kopflos", wie groß gewordene Kinder. Für rationale Argumente sind sie nur wenig, manchmal gar nicht empfänglich.

Diese infantile Emotionalität ist nicht – wie manche meinen – eine Stärke, sondern eine ausgesprochene Schwäche, im schlimmsten

Fall ein Zwangszustand, der die Fähigkeit zu vernünftigen Überlegungen gänzlich blockiert. Sie verwickelt den betroffenen Menschen nicht selten in unverantwortliche und chaotische Beziehungen.

Die überwältigende Stärke solcher Gefühle ist ein Zeichen ihrer Unreife. Kinder lassen sich vor allem von ihren Gefühlen leiten: Probleme und Schwierigkeiten erscheinen ihnen vielfach unüberwindlich; Freude oder Vorfreude können zu Euphorien führen. Erwachsene Menschen können ihre Gefühle relativieren, sich von ihnen distanzieren, wissen Freude und Leid einzuordnen und orientieren sich auch in den Wechselfällen des Lebens an vernünftigen Kriterien.

Kennzeichnend für Menschen mit einem starken „inneren Kind" ist es, daß sie mehr oder weniger stark von einer infantilen Emotionalität bestimmt sind. Alle zwanghaften und inadäquaten, d.h. der auslösenden Situation nicht angemessenen Gefühle sind infantiler Natur; sie äußern sich in unangemessenen Reaktionen, z.B. zu zornig, zu ängstlich, zu aufgeregt, zu beleidigt, aber auch zu euphorisch und zu begeistert zu sein, als es dem jeweiligen Anlaß entspricht.

7.4 Neigung zu Flucht und Rückzug

Kinder mit einem schwachen Selbstbewußtsein tendieren dazu, Auseinandersetzungen zu vermeiden. Sie ziehen sich eher zurück, als um ihr berechtigtes Anliegen zu kämpfen. Auch manche homosexuelle Menschen haben die Neigung beibehalten, unliebsamen Belastungen und Schwierigkeiten auszuweichen. Das kann durch wortreiche Erklärungen und Ausreden (schützende Masken), durch das Spielen einer Rolle, durch die Flucht aus bestimmten Gemeinschaften oder in sichere Räume geschehen.

Vielfach folgt dieser „Flucht" und dem damit verbundenen Gefühl der Unterlegenheit eine Äußerung von Aggression, die sich entweder gegen die eigene Person richtet oder gegen den „Sieger". Viele schwache Persönlichkeiten „rächen" sich dann, indem sie der Aggression in Tagträumen Raum geben.

Zu dieser Tendenz der Konfliktvermeidung gehört auch die Gewohnheit, Anforderungen aus dem Weg zu gehen. Aufgaben, die immerhin die Gefahr bergen, an ihnen zu scheitern, werden lange vor sich hergeschoben oder bleiben ganz liegen. Häufig führt dieser Aufschub wiederum zu Selbstvorwürfen; unerledigte Aufgaben können zudem als Rechtfertigung des negativen Selbstbildes dienen.

7.5 Ängste

Das besondere Selbstbild eines homosexuellen Menschen fördert die Entwicklung von Angst. Der homosexuelle Mann, der als Kind nicht gelernt hat, sich zu verteidigen (sei es durch die Überfürsorge der Mutter oder das Fehlen eines stützenden Vorbildes des Vaters), hat die Erfahrung verinnerlicht: „Ich werde doch verlieren!", oder: „Ich bin wehrlos ausgeliefert." Diese meist unbewußte innere Logik bestimmt das Verhalten. Wer sich als wehrlos empfindet, erlebt vieles in der Außenwelt als bedrohlich. Demzufolge gibt es fast nichts, was nicht zum Auslöser von Angst werden könnte: Menschen, Behörden, Aufgaben, Schicksalsschläge, bestimmte Krankheiten, unvorhersehbare Ereignisse und vieles andere. Bei vielen homosexuellen Menschen lassen sich eine allgemeine Ängstlichkeit, oft auch hypochondrische oder angstneurotische Tendenzen beobachten.

7.6 Einsamkeit

Das Gefühl der Einsamkeit, der Eindruck, nicht richtig dazuzugehören, ist einer der vorherrschenden Faktoren im Gefühlsleben homosexueller Menschen. Daher ist die Sehnsucht nach einem „festen" Freund/Freundin ein sehr verständlicher Wunsch. Er ist jedoch im Grunde unerfüllbar, weil im Rahmen der vorgegebenen Persönlichkeitsstruktur die zwanghafte Einsamkeitsklage auch dann nicht aufhören wird, wenn ein solcher Partner gefunden sein sollte.

7.7 Zwangsverhalten

Viele homosexuelle Menschen sind auffällig stark damit beschäftigt, ihr Äußeres, ihre Wohnung oder was sie sonst als Statussymbol betrachten – Bücher, Schallplatten, Antiquitäten oder andere Wertgegenstände – in Ordnung zu bringen oder im rechten Licht zu präsentieren. Bei genauerer Betrachtung erscheint dieses Bemühen als Versuch, auf dem Umweg über die Attribute, mit denen man sein Leben ausstattet, das eigene Selbstwertgefühl zu stabilisieren oder drohende Kritik und negative Einschätzungen durch andere zu vermeiden.

Angst, Zwang und Zweifel treten häufig gemeinsam auf und schaffen miteinander einen Mechanismus, dem der Mensch kaum entkommen kann. Bei manchen ist zwangsneurotisches Verhalten offenkundig.

Ein Beispiel: Ein homosexueller Mann arbeitet in der Buchhaltung einer Verwaltung. Seine innere Unsicherheit führt dazu, daß er ständig mit der Angst lebt, etwas falsch zu machen und kritisiert zu werden. Um möglicher Kritik zu entgehen versucht er, alle Aufgaben genau und gewissenhaft zu erledigen; seine Neigung zum zwanghaften Perfektionismus ist den anderen Mitarbeitern offenkundig. Da er auf Grund seiner überdurchschnittlichen Genauigkeit nicht alle anfallenden Arbeiten im Rahmen der üblichen Arbeitszeit erledigen kann, kommt er morgens in der Regel eine Stunde früher zur Arbeit und bleibt abends, wenn er den Eindruck hat, seine Aufgaben nicht geschafft zu haben, noch länger im Betrieb. Obwohl er sich die größte Mühe gibt, alles korrekt zu erledigen, beschleichen ihn ständig Zweifel, ob er nicht vielleicht doch etwas übersehen oder vergessen hat. Immer fragt er sich, was wohl die anderen über ihn denken werden, und registriert alle Nuancen ihres Verhaltens ihm gegenüber. Der Selbstzweifel zwingt ihn, selbst kleine Rechnungen mehrfach zu überprüfen. Dabei kommt es durch seine Zwanghaftigkeit oft zu Fehlern, die ihn wiederum verunsichern und gerade die gefürchtete Reaktion der anderen, die Kritik, hervorrufen.

7.8 Innere Unruhe, Zerrissenheit

Viele homosexuelle Menschen leiden unter einer inneren Zerrissenheit. Einerseits fühlen sie sich von zwanghaften Emotionen getrieben, denen sie sich nicht entziehen können. Sie merken andererseits aber sehr deutlich, daß dieses Verhalten den Maßstäben ihrer eigenen Vernunft nicht entspricht. So erleben sie sich selbst in einem ständigen Zwiespalt zwischen Gefühl und Verstand. Diese Zerrissenheit äußert sich in verschiedenen Schwierigkeiten: Entscheidungsunfähigkeit, mangelndes Durchhaltevermögen, das Notwendige und Vernünftige zu tun, Einschränkungen bei Konzentration und rationalem Denken, rastlose und wenig zielgerichtete Aktivitäten, Unfähigkeit, zur Ruhe zu kommen, Unbeständigkeit im Verhältnis zu Menschen, zum Wohnort, zur Berufsarbeit, zum Hobby usw. Die bestimmende innere Unruhe ist nicht selten auch der Auslöser für eine rastlose Suche nach immer neuen Bekanntschaften oder Lebensumständen.

7.9 Ichbezogene Wahrnehmung, Egozentrik

Ein infantiles Ich ist gekennzeichnet durch eine egozentrische Wahrnehmung der Umwelt. Für Kinder ist es bis zu einem gewissen Alter normal, die Welt ausschließlich vom Mittelpunkt des eigenen Ichs her zu betrachten. Die egozentrische Wahrnehmung der Umwelt wird, wie oben schon dargelegt, verstärkt, wenn der Mensch sein Selbstmitleid nicht ablegen kann. Erwachsene, bei denen das Selbstmitleid chronisch oder zwanghaft geworden ist, bleiben damit in einer kindlichen Egozentrik gefangen. Dies kann dazu führen, daß ein Mensch mit allem, was er tut, letztlich sich selbst meint. Er wird eine Freundschaft knüpfen, um selbst einen Freund zu haben; ein Geschenk machen, um die Aufmerksamkeit auf sich zu lenken; interessante Kleidung tragen, um selbst im Mittelpunkt zu stehen und aufzufallen; besonders gut im Beruf arbeiten, um die Beachtung der Kollegen auf sich zu ziehen; besondere Spezialkenntnisse erwerben, um die Bewunderung der anderen auf sich zu lenken usw.

Weil er selbst im Zentrum seiner eigenen Wahrnehmung steht, sieht er sich auch als Gegenstand der Wahrnehmung seiner Umwelt. Das kann zur Folge haben, daß der betroffene Mensch alle Äußerungen seiner Umwelt auf sich bezieht und „persönlich nimmt". Beobachtet er beispielsweise, wie andere miteinander reden oder lachen, kann er der Meinung sein: Die anderen reden oder lachen über mich; gerät er in eine kontroverse Diskussion, fühlt er sich nicht ernstgenommen, wenn andere anderer Meinung sind usw.

Diese Art der ichbezogenen Weltsicht bindet sehr viele Kräfte. Da die Fähigkeit zur bewußten Aufmerksamkeit bei jedem Menschen begrenzt ist, sind Menschen mit einem starken „inneren Kind" in ihrer Aktions- und Reaktionsfähigkeit eingeschränkt. So verwundert es nicht, daß homosexuelle Menschen häufig unter Konzentrationsschwäche leiden, besonders in Phasen starker homosexueller Impulse. In besonders kritischen Zeiten kann die Sehnsucht nach einem Partner so beherrschend werden, daß der Betroffene nahezu handlungsunfähig wird.

Mit der ichbezogenen Weltsicht ist häufig eine weitgehende Antriebsschwäche verbunden. So kann ein Mensch vor den einfachsten Aufgaben sitzen und keine Kraft finden, mit ihnen zu beginnen. Neben dem Gefühl, seine Zeit vertan zu haben, folgen solchen Erfahrungen oft Selbstanklagen und depressive Stimmungen, die die innere Lähmung noch verstärken.

7.10 Suchtgefährdung

Menschen mit einem starken „inneren Kind" neigen dazu, sich selbst zu trösten, indem sie sich angenehme Gefühle schaffen, um äußere Probleme oder innere Unlustzustände zu überwinden. Selbstmitleid ist ein Mechanismus der Selbsttröstung. Die Trostfunktion des Selbstmitleids liegt darin, daß der trauernde Mensch sich selbst Wärme und Verständnis zukommen läßt. Findet er keine anderen Strategien, um Verlust- und Leiderfahrungen zu bewältigen, so wird er ein permanentes Bedürfnis nach diesen „angenehmen" Gefühlen entwickeln, zu denen er sich selbst verhelfen kann. Als Mittel dazu kommt das genußvolle Essen und reichliche Trinken ebenso in Frage wie Einkaufen, Putzen, Spielen u.ä. Aus diesen Versuchen der Selbsttröstung kann eine regelrechte Abhängigkeit bis hin zur Sucht entstehen. Sie ist ebenfalls Folge des zugrundeliegenden zwanghaften Selbstmitleids mit seinem Bedürfnis, sich selbst trösten zu müssen.

7.11 Negatives Vergleichen

Mit dem infantilen Ich ist die kindliche Neigung zum Vergleichen auch im Erwachsenen erhalten geblieben. Menschen, die überzeugt sind, benachteiligt und minderwertig zu sein, streben einerseits mit ganzer Kraft danach, diesen Mangel auszugleichen, suchen aber andererseits im Vergleich mit denen, die den für sie erstrebenswerten Maßstab repräsentieren, unbewußt eine Bestätigung ihrer Selbsteinschätzung. Die idealisierte Zielvorstellung wird auf diese Weise immer wieder zu einer Bestätigung ihrer Klagen führen, minderwertig, einsam, unterlegen, kein richtiger Mann zu sein usw. Der Vergleich verläuft stets nach dem gleichen Muster: „Der oder die andere hat, ist, darf, kann... dies und jenes. Ich aber habe, bin, darf, kann... dies und jenes nicht, ach, ich bin eben nichts wert!" Die Folgen dieser „Strategie" sind ständig genährte Selbstzweifel, Neid, Eifersucht, Abhängigkeit von der Meinung der anderen, generelle Unzufriedenheit mit dem eigenen Leben u.v.a.

Eine reife Persönlichkeit weiß, daß jeder Mensch Stärken und Schwächen hat. Sie wird die eigenen positiven Lebensumstände dankbar anzuerkennen wissen und am eigenen Mangel nicht verzweifeln. Ein „inneres Kind" dagegen kann nicht zufrieden sein, da es nicht in der Lage ist, sich von den zwanghaften Klagen der eigenen Minderwertigkeit zu distanzieren und andere Aspekte der Wirklichkeit anzuerkennen.

7.12 Falsche Sicht von Vergangenheit, Gegenwart und Zukunft

Eine weitere Äußerungsform eines starken „inneren Kindes" ist die falsche und überwiegend negative Bewertung der eigenen Biographie. Im Leben jedes Menschen finden sich schöne und schmerzliche Erfahrungen. Bei psychisch stabilen Menschen werden die positiven Erinnerungen überwiegen. Menschen mit einer negativen Selbstsicht dagegen erinnern sich häufig besonders an negative Erfahrungen. Viele homosexuelle Menschen beschreiben ihr Leben als eine lange Kette kleinerer oder größerer Tragödien. Ebenso werden Gegenwart und Zukunft in einem negativen Licht gesehen. „So schlecht wie heute ist es mir noch nie gegangen...", oder: „Bestimmt gibt es bald wieder eine Katastrophe ..."; „Mein

Leben wird schrecklich enden ..." Man lebt ständig mit dem Bewußtsein, daß Krankheiten, Unfälle, Versagen oder sonstige Schicksalsschläge sich jederzeit ereignen können.

Demgegenüber fällt auf, daß sich bei Menschen im Verlauf einer Entwicklung, die sie aus der Gefangenschaft ihrer negativen Selbstsicht herausführt, meist auch ganz unbemerkt die Einschätzung der eigenen Biographie verändert. Das frühere Verhältnis zu den Eltern, Geschwistern, Mitmenschen erscheint nach und nach in einem anderen Licht; neben ausschließlich oder weitgehend negativen Kindheitserinnerungen tauchen allmählich auch positive Erinnerungen auf, die das Negativbild korrigieren oder ersetzen.

7.13 Selbstkritikklagen und Kritiksucht

Ein Symptom der negativen Selbstsicht ist eine bei vielen homosexuellen Menschen zu beobachtende Tendenz zu übertriebener Selbstkritik. Die verinnerlichte Selbstsicht, ein Versager zu sein, wirkt als zwanghafter Mechanismus, der ständig nach Bestätigung verlangt. Entsprechend machen derart bestimmte Menschen es sich selbst nie gut genug; sie sehen sich selbst als alleinige Verursacher ihrer Probleme. Manche verurteilen sich ständig, haben bei den kleinsten Entscheidungen immense Skrupel; andere bezichtigen sich der schlimmsten Vergehen, indem sie geringe Anlässe übertrieben negativ und drastisch beurteilen. In der Regel ist diese Selbstkritik verbunden mit einem unrealistisch hohen moralischen Wertmaßstab. Die eigenen hohen Wertmaßstäbe sind für den Betroffenen meist Beweis für eine besondere moralische Qualität. In Wirklichkeit sind sie jedoch nichts anderes als ein Symptom eines zwanghaften Verhaltens. Der Mensch leidet unter dem Zwang zur Selbstkritik; und dieser Zwang wiederum produziert unrealistische Maßstäbe, die er natürlich nie erfüllen kann. Die daraus resultierenden Selbstbezichtigungen sind eine Form der Selbstbestrafung. Das „innere Kind" verurteilt und bestraft sich selbst, weil es seinem eigenen überhöhten Ideal nicht entspricht und sich deshalb minderwertig und unakzeptabel vorkommt.

Die Kritik richtet sich jedoch nicht immer gegen die eigene Person; sie kann sich auch gegen die Umwelt richten. So sehen sich andere homosexuelle Menschen im Verhältnis zu anderen oder im Blick auf das gesellschaftliche Umfeld ausschließlich als Opfer des kritikwürdigen Verhaltens anderer oder kritikwürdiger Zustände. Sie beschuldigen Eltern, Lehrer, Mitschüler, Kollegen, Geschwister oder sonstige Personen, an ihrer Situation schuld zu sein. Sie leiden regelrecht unter einer „Kritiksucht". Die Reaktionen eines solchen „inneren Kindes" sind beißende Kritik, Zynismus, ein permanenter übertriebener Kampf um das eigene Recht und die Neigung zur Rache an den vermeintlichen „Tätern", neurotische Haßgefühle. Solch ein „inneres Kind" will verletzen; es ist meist unfähig zu irgendeiner Form des Mitempfindens für die vermeintlichen Schuldigen oder zu einer differenzierten Betrachtungsweise, die auch die Position des anderen in die eigenen Überlegungen einzubeziehen vermag. Weitere Formen neurotischer Kritiksucht sind eine permanente Protesthaltung oder aggressive Gereiztheit.

Es verwundert nicht, daß mit dieser zwanghaften Kritiksucht oft eine ausgeprägte Intoleranz einhergeht. Vor dem Hintergrund dieser inneren Gesetzmäßigkeit erscheinen auch die nicht selten von Anklagen an die Gesellschaft bestimmte Argumentation der Emanzipationsdebatte sowie die These von der Diskriminierung der homosexuellen Menschen durch die heterosexuelle Mehrheit in einem anderen Licht. Sicher gibt es berechtigte Kritik an Intoleranz und Diskriminierung; die zu beobachtende Neigung zu pauschalen Urteilen und kollektiven Schuldzuweisungen erscheint jedoch in vielen Fällen als Symptom neurotischer Kritiksucht.

Gefördert wird die Haltung der Anklage durch ein gesamtgesellschaftliches Klima des Anspruchsdenkens. Der Mensch, der sich selbst zum Maßstab für Recht und Wahrheit gemacht hat, meldet seine Forderungen und Ansprüche an, ohne im gleichen Maße die Fähigkeit und die Bereitschaft zur gesamtgesellschaftlichen Verantwortung einzubringen. Diese subjektivistischen Tendenzen belasten in zunehmendem Maß das Zusammenleben der Menschen, besonders der Familien, auch der Kirchengemeinden. Psychologisch gesehen sind es Kennzeichen der Unreife mit langfristig unübersehbaren soziologischen und gesellschaftspolitischen Folgen, über die ernsthaft nachgedacht werden muß.

7.14 Infantile Vorstellungen von Gott, der Welt und den Menschen

Das „innere Kind" hält auch die Vorstellungen von Gott, der Welt und den Menschen fest, wie sie zur Zeit der Fixierung bestanden haben. Dabei sind die infantilen Vorstellungen häufig emotional bestimmend; sie können in entsprechender Stimmungslage aktiviert werden, auch wenn weiterentwickelte Vorstellungen durchaus als Bewußtseinsinhalt zur Verfügung stehen. So finden wir in manchen homosexuellen Menschen neben dem „Wissen" des christlichen Glaubens, daß es die Liebe Gottes gut mit uns meint, die eher emotionale Überzeugung von einem „strafenden Gott" oder die – nicht weniger infantile – Vorstellung vom „lieben Gott", der dem Menschen ausschließlich mit Nachsicht und grenzenloser Toleranz begegnen kann. In vielen Fällen gibt es deutliche Parallelen zwischen dem Gottesbild des homosexuellen Menschen und dem Vaterbild, das ihn geprägt hat. Hatte jemand einen überkritischen Vater, so trägt auch sein Gottesbild leicht überkritische Züge. Hatte er einen schwächlichen Vater, dann trägt auch sein Gottesbild oftmals schwächliche Züge.

Die Fixierung einer kindlichen Entwicklungsstufe kann sich auch auf das gesamte Erleben der Umwelt beziehen. So können betroffene Menschen bestimmt sein von unrealistischen Ängsten vor der drohenden bösen Welt, von übertriebener Bewunderung materieller Güter (wie moderne Kleidung, viel Geld, eine große Anzahl Bücher, bestimmte beeindruckende Möbel, ein großes Auto usw.), von überzogener Hochachtung gegenüber akademischen Titeln und gesellschaftlichen Stellungen usw. Auch die kindlichen emotionalen Beziehungen zu den Mitmenschen können erhalten bleiben. Bewunderungen und Abhängigkeiten, aber auch Abneigungen und Rivalitäten spielen eine bleibende Rolle im Verhältnis zu Autoritäten, Eltern, Geschwistern, Freunden und Feinden.

Selbst das Gewissen kann neben einem erwachsenen und vernünftigen Anteil infantile Strukturen aufweisen. Das Gewissen des reifen Menschen ist von geprüften und begründeten Kriterien bestimmt und entwickelt sich entsprechend der Lebenserfahrungen des erwachsenen Menschen weiter. Bei manchen homosexuellen Menschen (wie auch in Menschen mit anderen neurotischen Störungen) finden wir daneben zwanghafte Äußerungen des Gewissens, die oft ohne Begründungen und im Befehlscharakter den Menschen zwingen, sich so oder so zu verhalten. Solche Strukturen lassen sich kaum durch rational einsichtige Argumente beeindrucken oder verändern, solange die zugrundeliegende zwanghafte neurotische Ideologie mit ihren „gelernten" Maßstäben nicht erschüttert ist. Sie sind in ihrem statischen Charakter ein weiterer Ausdruck der mechanisch wirkenden Struktur des infantilen Ichs. So können neurotische und echte Schuldgefühle, Äußerungen des neurotischen und des authentischen Gewissens nebeneinander in einer Person auftreten.

7.15 Rollenspiele

Im kindlichen Spiel nehmen Rollenspiele einen großen Raum ein. Das Kind wächst über die spielerische Identifikation mit dem Erwachsenenvorbild (etwa im „Vater-Mutter-Kind"-Spiel) in die eigene spätere Rolle hinein. Oder es findet im Rollenspiel eine Möglichkeit, eigene Neigungen, Träume und Wünsche zum Ausdruck zu bringen.

Diese Tendenz zum Rollenspiel ist im erwachsenen Menschen mit einem starken „inneren Kind" erhalten geblieben. Die meist unbewußt gewählte Rolle stellt jetzt einen Versuch dar, das unsichere Selbstwertgefühl zu stabilisieren. Die Rolle ermöglicht die Partizipation an eigenen Idealen und Vorbildern, sie dient dazu, der eigenen Vorstellung von sich selbst besser zu entsprechen oder eine gewisse gesellschaftliche Erwartung zu erfüllen. Solche Rollen können z.B. sein:

der Mann mit den vielen Beziehungen,
die Frau mit den vielen Bekanntschaften,
der Clown der Gesellschaft,
der Helfer in allen Notlagen,
das sanfte demütige Gemüt,
das künstlerische Genie,
der überlegene Typ,
der Furchtlose ...

Damit nahe verwandt ist die Neigung vieler homosexueller Menschen, beeindruckende Persönlichkeiten, ihre Kleidung, Gestik, Mimik, Sprache usw. zu imitieren. Diese Flucht aus der eigenen

Wirklichkeit beansprucht viel Kraft, weil die Diskrepanz zwischen dem erstrebten Image und dem eigenen Selbstbild in der Regel groß ist. Damit werden Energien gebunden, die der Mensch für die Bewältigung des Alltagslebens gebrauchen könnte. Es gehört zu den unverzichtbaren Aufgaben im menschlichen Reifungsprozeß, zu einer wirklichkeitsgemäßen Selbstsicht zu gelangen und die eigene Wirklichkeit anzunehmen.

7.16 Kompensation

Vielfach sind derartige Rollenspiele zu verstehen als eine Form der Kompensation. Der homosexuelle Mensch mit seinen besonderen Minderwertigkeitskomplexen versucht, den empfundenen Mangel zu überwinden oder auszugleichen, indem er sozusagen die Persönlichkeit „spielt", die er gern wäre. Es liegt aber im Wesen der Kompensation als Ersatzhandlung, daß sie den eigentlichen Mangel nicht auszufüllen, die Ursache, das zwanghafte Minderwertigkeitsgefühl, nicht zu beseitigen vermag.

Zudem bedeutet der Zwangscharakter der klagenden Grundstruktur, daß die Erwartungen prinzipiell nicht zu befriedigen sind, weil der Mangelzustand, den die Kompensation zu überwinden sucht, wieder hervorgerufen wird.

Beispiel: Eine junge homosexuelle Frau leidet unter Einsamkeit und beklagt sich, daß sie keine Freundin hat (= Minderwertigkeitsklage). Sie sehnt sich nach einer Freundin, die für sie da ist (= kompensatorischer Wunsch). Sie findet im diakonischen Besuchsdienst der Kirchengemeinde eine geeignete Möglichkeit, Menschen zu besuchen und anzusprechen. Bei solchen Besuchen macht sie dort, wo sie sich besonders wohlfühlt, öfter kleinere Geschenke, um die Aufmerksamkeit auf sich und ihre Freundlichkeit zu lenken. Bei positiver Reaktion wiederholt sie ihre Besuche und macht größere Geschenke (= kompensatorisches Verhalten). Früher oder später erkennt die Besuchte den vereinnahmenden und manipulierenden Charakter der Geschenke und lehnt weitere ab. Gleichzeitig zieht sie sich innerlich zurück und geht auf Distanz zu ihrer Besucherin (= Scheitern des Kompensationsversuchs). Die junge homosexuelle Frau findet sich in ihrer Selbstsicht bestätigt, daß niemand mit ihr Kontakt halten oder eine Freundschaft haben will, daß sie zur Einsamkeit verurteilt ist (= Bestätigung der Minderwertigkeitsklage). Sie reagiert einerseits mit Verachtung der anderen, andererseits mit Selbstmitleid (= infantile Reaktion).

Viele homosexuelle Menschen erleben tagtäglich ähnliche Teufelskreise von Sehnsucht, Hoffnung, kompensatorischen Versuchen, Scheitern und Selbstmitleidserfahrungen.

7.17 Passivität und Erwartungshaltung

Im Zusammenhang mit homosexuellen Gefühlsstrukturen ist die Neigung zur Passivität auffällig. Zahlreiche homosexuelle Menschen sind – häufig ohne daß es ihnen bewußt ist – bestimmt von einer Haltung, die eine Erfüllung der eigenen Bedürfnisse von anderen erwartet. Der Mensch sehnt sich nach Liebe, Verständnis und Geborgenheit, die er von dem anderen Partner erwartet. Er ist auf die Liebe des anderen zu sich fixiert, weil er ein „chronisches Liebesdefizit" empfindet. Die zugrundeliegenden zwanghaften Klagen lauten etwa: „Ich werde nicht geliebt, nicht geachtet..., ich werde nicht verstanden...usw." Das „innere Kind" möchte aber auch geliebt, geachtet, verstanden werden. So ist der Mensch auf Empfangen eingestellt.

Ein homosexueller Mann rechtfertigte die Tatsache, daß er seine Familie verlassen hatte, in einer Diskussionsrunde damit, daß er die Zuneigung seiner Frau gesucht, sie aber nicht gefunden habe. Als er die Liebe und Zuwendung, die er suchte, in der Ehe nicht fand, ließ er sich scheiden. Auf seine passive Erwartungshaltung angesprochen, bestritt er nachhaltig, von Passivität und einseitiger Erwartung gesprochen zu haben. Die passive Erwartungshaltung war ihm überhaupt nicht bewußt.

Ein anderer ehemals homosexueller Mann beschreibt rückblickend diese Sehnsucht als ein „Suchen nach einer unmöglichen Liebe". Menschen, die in einer solchen zwanghaften Erwartungshaltung leben, können selbst nicht geben. Ein „inneres Kind" will geliebt werden, es kann nicht wirklich lieben. Aus dieser Struktur heraus ist es auch zu erklären, daß homosexuelle Partnerbeziehungen nicht selten wirken wie das Aneinanderhängen einsamer und hilfloser Kinder, die sich zwar gegenseitig brauchen, einander aber nicht wirklich das geben können, was sie in der Tiefe ihrer Seele ersehnen! In dieser emotionalen Grundstruktur liegt einer der Gründe dafür, die Frage, ob es homosexuelle Dauerpartnerschaften geben könne, sehr kritisch zu betrachten.

Die passive Erwartungshaltung äußert sich auch in anderen Lebensbereichen, im allgemeinen Umgang mit den Mitmenschen, mit Berufskollegen, Freunden usw. Hier kann das „innere Kind" darauf fixiert sein, Beachtung, Anerkennung und Bewunderung zu erhalten, oder es wartet darauf, von anderen angesprochen zu werden. Wenn diese Zuwendung ausbleibt, kann es sich sehr beklagen: „Ich werde nicht beachtet, anerkannt; keiner nimmt mich wahr; niemand will mit mir etwas zu tun haben..." Eigene Initiative zur Kontaktaufnahme oder zum Gespräch ergreift es dann meist nicht.

7.18 Streben nach Unglück statt nach Glück (Neurotisches Paradox)

In vielen homosexuellen Lebensbeschreibungen ist die Bindung an das Tragische und Absurde, das Mysteriöse oder Unmögliche sehr auffällig. Das infantile Ich sehnt sich nach Erfüllung seiner übersteigerten Idealvorstellungen, zugleich ist es auf die Erfahrung fixiert, daß diese Erfüllung sicher nicht erreicht wird. Die Erwartung des Negativen bestimmt den Horizont des homosexuellen Menschen. Hat er beispielsweise eine Beziehung begonnen, dann folgen oft sehr schnell die Zweifel an der Echtheit und am Bestand. Viele suchen geradezu zwanghaft nach Gründen oder Anzeichen dafür, daß „es ja doch nicht gutgehen kann"; es verwundert nicht, daß diese Erwartung dann auch zumeist bestätigt wird. Das „innere Kind" sucht und findet (im Notfall: erfindet) Gründe, um wieder unglücklich sein zu können. Manche homosexuelle Menschen berichten, daß sie sich geradezu erleichtert fühlen, wenn sie wieder traurig, unglücklich, in einer problematischen Situation sind – denn das ist ein Lebensgefühl, das sie gewohnt sind. Diese unbewußte Tendenz, negative Situationen festzuhalten bzw. Negativerfahrungen geradezu zu produzieren, bezeichnen wir als neurotisches Paradox.

7.19 Zusammenfassung

Wir haben hier nur einige augenfällige Gesichtspunkte einer homosexuellen Gefühlsstruktur skizziert. An ihnen wird der unbedingte Zusammenhang zwischen der Entstehung und Fixierung der negativen Selbstsicht einerseits und ihres zwanghaften Wirkens im Leben des erwachsenen homosexuellen Menschen andererseits deutlich. Wir sprechen deshalb davon, daß diese Gesetzmäßigkeiten im Denken, Fühlen und Verhalten das Leben der betroffenen Menschen schicksalhaft mitbestimmen. Ihre Lebenswirklichkeit ist zu einem wesentlichen Teil das Ergebnis ihrer Biographie, für die sie nicht allein verantwortlich sind. Diese Tatsache verbietet jede moralische Vorverurteilung.

Auch Appelle an den Willen oder „vernünftige Argumente" allein können den Betroffenen kaum wirklich nützen. Der Weg aus der Homosexualität ist ein Weg einer umfassenden Neuorientierung vieler Lebensbereiche.

Die bisher aufgezeigten Zusammenhänge machen deutlich, daß es sich bei der Homosexualität um eine innerseelische Störung handelt. Sie hat viele Gemeinsamkeiten mit anderen neurotischen Störungen. Das Vorhandensein homosexueller Gefühle rechtfertigt allerdings nicht ihre bedenkenlose Praktizierung. Homosexuelle Praxis ist nach biblischem Urteil keine schöpfungsgemäße Möglichkeit, menschliche Sexualität zu leben; sie ist Sünde im Sinne einer Zielverfehlung. Homosexuelle Praxis als notwendige und akzeptable Konsequenz homosexuellen Empfindens zu betrachten, ist ebensowenig begründet, wie es zu rechtfertigen wäre, wenn ein jähzorniger Mensch seinen Aggressionen nachgibt und seinen Nachbarn tätlich angreift, oder wenn ein depressiver Mensch sich durch seinen Negativismus selbst zerstört.

8. Besonderheiten der homosexuellen Lebenswirklichkeit

8.1 Der bevorzugte Partner

Die Erkenntnis, daß der homosexuelle Impuls eine Form infantiler Klagen ist, liegt nicht auf der Hand. Der Berater wie der ratsuchende Mensch werden sich dieser Tatsache bzw. der konkreten Ausprägung des „inneren Kindes" in der Biographie des Klienten nur allmählich bewußt. Ist das „innere Kind" aber einmal verstanden, dann kann sich die weitere Analyse der Lebensgeschichte sehr vereinfachen.

Das „innere Kind" verehrt am homosexuellen Partner in der Regel die Eigenschaften, die es an sich selbst schmerzlich vermißt oder in seiner Entwicklungszeit besonders attraktiv fand. In diesem Zusammenhang ist bezeichnend, daß homosexuelle Männer meistens Jugendliche oder junge Männer als Partner suchen. Besonders begehrt sind oft „Helden-Typen", die das Kind einmal verehrt hat. Andere bevorzugte Partner homosexueller Männer sind u.a. Typen, die abenteuerlustig sind, Mut besitzen und Eroberungen machen, die alles beherrschen und beliebt sind, die Aktivität und Fröhlichkeit ausstrahlen oder die attraktiv aussehen.

Eine Anzahl homosexueller Männer bevorzugt Partner, die Charakterzüge des eigenen Vaters tragen, der jedoch als ablehnend erfahren wurde. Die Suche nach einer emotionalen Beziehung zu einem Partner, der den Vater repräsentiert, macht besonders deutlich, daß sich in diesem homosexuellen Impuls eigentlich nicht primär ein sexuelles Bedürfnis ausspricht, sondern der Wunsch nach Zuwendung, Annahme und Schutz, der Wunsch, vom Vater geliebt zu werden, der in der Kindheit nicht erfüllt wurde. (Beziehungen dieser Art kann man als Kompensationsversuche verstehen.)

Die meisten homosexuellen Männer haben eine Abneigung gegen feminin wirkende homosexuelle Männer, weil das „innere Kind" in ihnen seine eigene Unmännlichkeit haßt. Sie fühlen sich zu „richtigen Männern" hingezogen und hoffen, in deren Nähe und Partnerschaft die eigene Unmännlichkeit überwinden zu können.

Viele homosexuelle Männer wünschen sich Partner mit ganz bestimmten äußeren Merkmalen. Diese üben eine absolute Faszination und magische Anziehungskraft auf sie aus. Solche Merkmale können sein: bestimmte Haarfrisuren, ein bestimmter Blick, herausfordernde Haltungen, „männliche" Kleidung (z.B. Lederjakken, Stiefel, Uniformen u.a.), starke Behaarung, schwere Motorräder, bestimmte Körperformen, akkurate Kleidung usw. Solche besonderen Merkmale bezeichnen wir auch als Auslösereize. Sie sind in der Regel mitbestimmend bei der Wahl des bevorzugten Partners.

8.2 Zur „Femininität" homosexueller Männer

Nur etwa 25 Prozent der homosexuellen Männer gelten als deutlich feminin. Aber die meisten männlichen Homosexuellen haben gewisse „feminine" Züge in ihrem Verhalten, in ihren Bewegungen oder im Gebrauch ihrer Stimme. Es handelt sich dabei meist um übertriebene und verzerrte Nachahmungen des typischen Verhaltens von Frauen, um eine Art zwanghaftes Rollenspiel.

Diese Neigungen werden oft beträchtlich verstärkt durch entsprechende Kultivierung in der homosexuellen Szene. Ausgeprägt feminine Homosexuelle sind häufiger ausschließlich homosexuell, hatten oft vor dem 10. Lebensjahr erste homosexuelle Kontakte und äußern öfter den Wunsch nach Geschlechtsumwandlung (Transsexualität). Sie vertreten eine passivere Rolle als Sexualpartner.

Ausgeprägte Femininität ist eine schwere Störung. Die Verhaltensmerkmale betroffener Menschen gleichen oft denen eines „alten Weibes": Ängstlichkeit angesichts von Schwierigkeiten, Schwatzhaftigkeit, zimperliches Gehabe usw. In dieser Pseudo-Femininität, Weichlichkeit oder Unmännlichkeit, spricht sich oft einfach Unsicherheit aus. Solche homosexuellen Männer suchen in der Regel auch „weichere", weibliche Berufe.

Pseudo-Femininität ist oft ein Ergebnis der Erziehung, meistens aber auch eine Flucht vor der eigenen Männlichkeit. Es gibt allerdings auch in ähnlichem Sinn feminin wirkende Männer, die nicht homosexuell fühlen.

8.3 Träume homosexueller Menschen

Träume, sofern sie nicht einfach Restbestände des Tageserlebens wiedergeben, sind häufig ein Spiegel unbewußter Wünsche oder Bedürfnisse (normaler wie neurotischer). Viele Träume homosexueller Menschen spiegeln ebenso das Bedürfnis des speziellen „inneren Kindes", sein Selbstmitleid zu befriedigen. Die Analyse solcher Träume kann helfen, dem Ratsuchenden das neurotische Selbstbild bewußt zu machen.

Der neurotische Mensch „liebt" seine mit dem infantilen Ich gemeinsam fixierten Leiden; in gewisser Weise braucht er sie, damit seine Selbst- und Weltsicht übereinstimmen und erhalten bleiben. Die Träume des neurotischen Menschen beinhalten entsprechende negative Erfahrungen, Gedanken und Gefühle und befriedigen damit das innere Bedürfnis, die eigene tragische Lebensrolle bestätigt zu bekommen. Viele neurotische Menschen suchen Verhältnisse mit einer bedrückenden Atmosphäre und fühlen sich oft in einer heiteren Umgebung unwohl.

Viele Trauminhalte deutlich neurotischer Träume reflektieren die Tendenz des Träumers, sich selbst in der Opferrolle, als Versager, als Außenseiter etc. zu sehen. Die Hauptthemen neurotischer Träume sind folgende Klagen: Ich werde gedemütigt, gekränkt, vernachlässigt, abgelehnt, mit Verachtung behandelt, lächerlich gemacht, bedroht, gehöre nicht zu den anderen dazu usw.

Eine andere Form der Klagen sind aggressive Erlebnisse im Traum: Der Träumende wird darin in Wortgefechte verwickelt, streitet, kämpft oder wird gewalttätig.

Das Thema neurotischer Träume ist oft identisch mit der Hauptklage des „inneren Kindes" im Wachzustand. Wir können dann auch von „Schlüsselträumen" sprechen, die sich nicht selten lange Zeit stereotyp wiederholen.

Entscheidend für die Analyse sind die Gefühle, die der Träumende während oder nach dem Traum hat. Sie sind verläßliche Anhaltspunkte für die Interpretation der im Traum vorkommenden Inhalte. Verfolgungsträume werden z.B. mit dem Gefühl in Verbindung gebracht „Ich bin zu schwach, mich zu wehren ...".

Auf dem Weg zur Änderung, wenn der neurotische Mensch bewußt versucht, den Klagemechanismus zu überwinden und den Klageimpulsen nicht nachzugeben, kann es vorkommen, daß

Träume mit entsprechenden typischen Klageinhalten zunehmen oder intensiver erlebt werden. Der Traum kann in dieser Phase zu einem unbewußten Mittel werden, mit dem das „innere Kind" sein Bedürfnis nach Selbstmitleid befriedigt, dem der Träumende auf der Ebene des bewußten Handelns nicht mehr nachgeben will.

Träume haben weniger eine therapeutische als eine analytische Bedeutung. Mit dem Schwächerwerden des „inneren Kindes" nehmen in der Regel auch die neurotischen Träume ab. Viele homosexuelle Menschen haben ebenfalls zwanghaft negative Träume, die ihre besondere Tragödie widerspiegeln (z.B. Unmännlichkeits-/ Unweiblichkeitsklagen und Einsamkeit bzw. deren Kompensation).

DRITTER TEIL

Zur seelsorgerlichen und therapeutischen Begleitung

9. Zur Änderung aus einer homosexuellen Gefühlsstruktur

9.1 Grundlegende Änderung ist möglich

Homosexualität ist kein unabänderliches Schicksal. Hinreichende Erfahrungen aus den Bereichen von Seelsorge und Psychotherapie verschiedener Länder belegen, daß es Möglichkeiten zur Veränderung gibt; diese Ergebnisse liegen der Öffentlichkeit vor. Sie werden jedoch von den Vertretern der homosexuellen Emanzipationsideologie nicht gern zur Kenntnis genommen. Statt einer sachlichen Auseinandersetzung mit den vorliegenden Erfahrungen erfolgt häufig der Versuch, die Motive derer in Frage zu stellen, die auf die vorliegenden Erfahrungen von Veränderungen hinweisen und entsprechende Begleitung anbieten.

Um sich nicht ebenfalls dem schnell erhobenen Vorwurf reaktionärer Intoleranz auszusetzen, sind verschiedene kirchenleitende Gremien und Synoden offensichtlich bereit, in falsch verstandenem Mitgefühl homosexuelle Lebensformen zu legitimieren. Abgesehen von den eindeutigen biblischen Aussagen übersehen sie, daß mit der möglichen Ordination homosexuell lebender Theologen diese Lebensform eine nachhaltige Rechtfertigung und Empfehlung erfahren würde. Das bedeutet selbst im Kontext einer allgemeinen Krise ethischer Werte einen qualitativ neuen Schritt. Für alle, die Einsicht in die für den Betroffenen zerstörerischen Gesetzmäßigkeiten einer homosexuellen Gefühlsstruktur und in die Lebenswirklichkeit homosexueller Menschen haben, ist diese Entwicklung unverständlich.

Sowohl im Interesse homosexuell fühlender Menschen, denen eine Chance auf ein emotional stabiles Leben nicht vorenthalten werden darf, als auch im Interesse der verbindlichen Achtung des biblischen Zeugnisses bleibt zu hoffen, daß die Kirchen sich nicht von pseudowissenschaftlichen Argumentationen verleiten lassen, sondern mit überzeugendem Engagement als Zeugnis ihrer Glaubensgewißheit denen wirksame Hilfen anbieten, die solche Hilfe suchen. Die theoretischen Voraussetzungen dafür sind vorhanden.

Grundlegende Veränderung ist möglich, wenn der betroffene Mensch sie sucht. Die Erfahrung unserer Seminare zeigt, daß ein Teil der homosexuellen Seminarbesucher den Kampf gegen den erkannten und in ihnen wirkenden Mechanismus aufnimmt und Schritte auf dem Weg zur Änderung bis hin zur völligen Freiheit von homosexuellen Gefühlsstrukturen geht. Andere nehmen die Zusammenhänge zur Kenntnis, ohne die Kraft zu persönlichen Konsequenzen aufzubringen. Diese Tatsache entspricht auch den durchschnittlichen Erfahrungen bei der Begleitung von Menschen mit seelischen Störungen in Seelsorge und psychotherapeutischer Praxis. Für alle Teilnehmer unserer Seminare – unabhängig davon, wie entschlossen sie die gewonnenen Einsichten in ihr Leben umsetzen – bedeutete aber allein das Erkennen der lebensgeschichtlichen Zusammenhänge ihrer Probleme bereits eine große Erleichterung. Das Angebot gangbarer, realistischer Schritte zur Veränderung und das Wissen um einen Ausweg eröffnen konkrete, begründete Hoffnung. So kommt es durchaus auch vor, daß die persönliche Umsetzung erst wesentlich später aufgenommen wird, wenn der betroffene Mensch anhand der gewonnenen Einsichten seine Lebenswirklichkeit in ihrem infantilen Charakter durchschaut hat. In jedem Fall ist aber die Voraussetzung für entsprechende konsequente Schritte betroffener Menschen die, daß wir unmißverständlich und deutlich mitteilen, daß Veränderung möglich ist. Mit einer entsprechenden klaren Haltung kann die Kirche deshalb die Hoffnung für betroffene homosexuelle Menschen wesentlich erhöhen und damit auch die Motivation stärken, Schritte aus der Homosexualität hinaus zu unternehmen. Sie wird umgekehrt mit gegenteilig lautenden Entscheidungen vielen homosexuellen Menschen das Signal dafür geben, sich in der Einbahnstraße eines subjektiv unglücklichen Lebens zu verfahren.

Zu dieser Verantwortung kämen bei einer Entscheidung für die Anerkennung der Homosexualität als normaler Schöpfungsvariante noch weitere Fragen hinzu:
Welche homosexuelle Praxis wird für normal erklärt?
Mit welchem Recht werden vergleichbare seelische Störungen und deren Konsequenzen nicht legitimiert?
Welche homosexuellen Neigungen werden für „normal" erklärt: pädophile, ephebophile, androphile, gerontophile?

9.2 Wie kann eine grundlegende Änderung aussehen?

Wenn hier von der grundlegenden Änderung homosexueller Gefühlsstrukturen die Rede ist, dann ist eines nicht gemeint: Es geht nicht darum, homosexuelle Gefühle zu „besiegen", indem man sie unterdrückt. Es geht vielmehr um das Verschwinden der homosexuellen Orientierung und das Reifen in eine heterosexuelle Empfindungsfähigkeit. Da die Homosexualität keine biologische, sondern eine innerseelische Störung darstellt, ist zu ihrer Überwindung eine grundlegende Neuorientierung in den Bereichen der Persönlichkeit notwendig, die bisher von dem „inneren Kind" bestimmt waren.
In diesem Kontext sind uns keine „plötzlichen Wunderheilungen" bekannt. Alle vorliegenden Erfahrungen beziehen sich vielmehr auf einen längeren, z.T. mehrjährigen Prozeß der Neuorientierung unter sachkundiger Begleitung. Für den betroffenen Menschen ist es kein einfacher Weg, aber immer ein Weg zu fortschreitender Freiheit aus emotionalen Zwängen und zur weiteren Entfaltung der Persönlichkeit. Jeder kleine Fortschritt auf diesem Weg stärkt die Motivation, gegen den neurotischen Mechanismus anzukämpfen.

9.3 Voraussetzungen für eine Änderung

Um erfolgreich an der Überwindung der terrorisierenden homosexuellen Struktur arbeiten zu können, sind nach unserer Erfahrung folgende Kriterien notwendige Voraussetzungen:

1) Der Wille zur Änderung

Relativ viele homosexuelle Menschen möchten gerne eine Änderung erreichen, um die Probleme zu vermeiden, die entstehen, wenn man der gesellschaftlichen Norm nicht entspricht. Manchmal sind es auch der enttäuschte Ehepartner oder die entsetzten Eltern, die auf eine Änderung der sexuellen Orientierung drängen.

Eine ausreichende Motivation entwickelt sich meist durch schmerzliche Leiderfahrungen. Ohne den entschlossenen Willen des betroffenen Menschen selbst, zu einer Veränderung zu gelangen, sind Schritte aus der Homosexualität heraus nicht denkbar. Der Druck der Umwelt ist dazu nicht ausreichend.

2) Die Bereitschaft zur Selbsterkenntnis

Der homosexuelle Mensch hat zumindest in Teilbereichen eine falsche Sicht von der Welt und vom Leben verinnerlicht. Die Auseinandersetzung damit, die Wahrnehmung der eigenen Minderwertigkeitskomplexe ist eine schwere Aufgabe. Der Betroffene muß die Bereitschaft entwickeln, seine Vorstellungen – die ihm ja als einzig mögliche Haltung erscheinen – aufrichtig in Frage zu stellen. Dazu braucht er in der Regel eine Bezugsperson oder -gruppe, die ihm die Gewißheit gibt, nicht erneut einer falschen Perspektive zu verfallen. Eine entscheidende Hilfe ist dabei für viele homosexuelle Menschen der christliche Glaube. Das Wissen, daß der Schöpfungswille Gottes nicht in die Irre, sondern zur realistischen „Selbstverwirklichung", zur schöpfungsgemäßen Entfaltung der Persönlichkeit führt, kann eine wesentliche Stütze in diesem Prozeß darstellen. Wichtig ist auch hier die Bereitschaft, sich in die umfassende Wahrheit des Evangeliums hineinführen zu lassen und nicht an subjektivistischen Fehldeutungen oder Teilaspekten festzuhalten.

3) Die Bereitschaft zum Kampf gegen alles Negative

Da die homosexuelle Gefühlsstruktur ein Zwang ist, genügt die Einsicht in diesen Mechanismus allein nicht, um eine Änderung des Empfindens zu erfahren. Ein entschlossener Kampf und beharrliche Übung von neuen Verhaltensweisen sind nötig, um das „innere Kind" mit der Zeit zu überwinden bzw. zu einer „Nachreifung" zu gelangen. Entscheidend wichtig ist es, der Neigung zum Selbstmitleid und zum Klagen zu widerstehen. Dabei geht es nicht nur darum, den homosexuellen Gefühlen nicht nachzugeben. Vielmehr muß der Mensch Möglichkeiten entwickeln, mit den vielfältigen negativen Impulsen im gesamten Denken, Fühlen und Verhalten anders umzugehen als bisher. Der Kampf gegen die „Selbstmitleidsfalle" ist nur ohne Sentimentalität zu gewinnen.

4) Ein verständnisvoller und sachkundiger Begleiter

Wie die meisten Menschen mit psychischen Problemen, so brauchen auch viele homosexuelle Menschen immer wieder einen motivierenden Anstoß von außen, um den begonnenen Weg weiterzugehen, besonders dann, wenn es Niederlagen gibt. Der aufreibende und mühsame Kleinkrieg im Alltag kostet viel Kraft und der betroffene Mensch braucht Erinnerung und Ermutigung von außen. Es gibt auch Beispiele, daß sich betroffene Menschen anhand guter Unterlagen erfolgreich allein auf den Weg zur Änderung gemacht haben. Aber die Regel ist dies nicht.

10. Psychologische Hilfen

10.1 Selbsterkenntnis

Der erste notwendige Schritt zur wirksamen Gegenwehr gegen den homosexuellen Zwang ist eine umfassende und objektive Selbsterkenntnis.

Der betroffene Mensch muß es lernen, erstens seine homosexuellen Impulse als infantile Klagen zu erkennen, die zugrundeliegende Minderwertigkeitsklage zu erfassen und sich davon distanzieren. Er muß zweitens anstelle der bisher bestimmenden infantilen Vorstellungen altersgemäße und vernünftige Maßstäbe für sein Handeln entschieden annehmen und verinnerlichen. Objektive Selbsterkenntnis zu gewinnen ist ein mühsamer und gelegentlich schmerzlicher Prozeß. Es ist auch ein langwieriger Weg, bis eine jahrelang fixierte Fehlhaltung durch eine neue verinnerlichte Grundhaltung ersetzt ist. Ein Mensch mit einem starken „inneren Kind" ist es gewohnt, im Blick auf seine speziellen Probleme sich von Gefühlen leiten zu lassen. Wie viele andere Zeitgenossen auch hält er seine Gefühle für schicksalhafte Vorgaben. Diese Sicht ist falsch. Sehr oft sind Gefühle die Folge, das Ergebnis der inneren Haltung eines Menschen und keineswegs schöpfungsmäßig gesetzte Konstanten.

Ein Beispiel: Ein junger homosexueller Mann ist von der Vorstellung beherrscht, er müsse sich gegen mögliche Infektionskrankheiten schützen. Überall sieht er die Gefahr einer Bronchitis auf sich zukommen, die sich chronisch entwickeln und sogar zu seinem frühzeitigen Tod führen könnte. Im Gespräch wird deutlich, daß seine Mutter, eine ebenfalls sehr ängstliche Frau, sich ständig Sorgen um die Gesundheit ihres Sohnes gemacht hat. Immer warnte sie vor der Gefahr, sich zu erkälten, und vor den möglicherweise langfristigen schlimmen Konsequenzen. Dieses Kind hat gelernt, die Welt als eine ständige Bedrohung seiner Person zu erleben und Krankheiten als Katastrophen für sein Leben zu fürchten. Die negative Selbstsicht („Ich bin bedroht und kann mich nicht wehren") wurde mit seinem „inneren Kind", das sich unmännlich und schwach fühlt, fixiert. Auf diesem Hintergrund können sich Gefühle der Bedrohung und Ängste entwickeln, die für Menschen ohne eine solche verzerrte Selbstsicht kaum noch nachvollziehbar sind. Dieses Beispiel zeigt, daß derart unangemessene Angstgefühle oft nur zu verstehen sind vor dem Hintergrund einer entsprechenden verinnerlichten Grundhaltung bzw. einer entsprechenden Selbstsicht. Anhand der zahlreichen Lebensberichte betroffener Menschen, die in verschiedenen Variationen immer wieder gleiche oder ähnliche Zusammenhänge sichtbar machen, läßt sich sagen: Sehr häufig sind negative Emotionen die Reaktion auf eine zugrundeliegende entsprechende Grundhaltung. Bei genauerer Untersuchung sind diese Gefühle oft verdichtete Botschaften der entsprechenden negativen Selbstsicht. Berücksichtigt man außerdem, daß die verinnerlichte Grundhaltung ein entsprechendes Verhalten nach sich zieht (in unserem Fall die permanenten Vorsichts- und Abwehrmaßnahmen gegen mögliche Infektionen), dann wird deutlich, wie sehr verinnerlichtes Denken, Fühlen und Verhalten eine Einheit bilden. Die Wurzel dieser Kette ist das Denken, die verinnerlichte Grundhaltung, die dem Betroffenen nicht unbedingt als solche bewußt ist. Wenn ein Mensch seine Gefühle oder Verhaltensweisen ändern möchte, muß er bei seinem Denken bzw. seiner fixierten Selbstsicht ansetzen.

Andererseits macht die Wechselbeziehung zwischen verinnerlichter neurotischer Selbstsicht und entsprechendem Empfinden und Verhalten auch deutlich, welch fatalem Irrtum all jene Ratgeber verfallen, die dem betroffenen Menschen raten, seine Gefühle unbesehen als unveränderliche Gegebenheiten hinzunehmen und das Leben danach einzurichten.

Eine nicht zu unterschätzende Schwierigkeit auf dem Weg zu einer objektiven Selbsterkenntnis ist die Suche nach einem neuen Bewertungsmaßstab für das eigene Denken, Fühlen und Verhalten. Der betroffene Mensch hat in den beschriebenen emotionalen Strukturen jahre- oder jahrzehntelang gelebt. Sein Denken, Fühlen und Verhalten sind ihm vertraut, sie erscheinen ihm als natürlich, angemessen und vernünftig. Seine eigene Erfahrung (und die mancher ebenfalls Betroffener) sagt ihm, daß er nur so und nicht anders angemessen reagieren kann, wie er es schon immer getan hat.

Wird die Unangemessenheit der infantilen Reaktionen erkannt, dann stellt sich die Frage nach Alternativen. Woran aber soll der Betroffene jetzt erkennen, was angemessen und vernünftig ist und was nicht? Sein eigenes Empfinden kann hier nicht allein ein verläßlicher Ratgeber sein. Es bleibt die Möglichkeit, sich an Menschen zu orientieren, die ein emotional ausgeglichenes Leben führen. Er kann einen sachkundigen Therapeuten, Seelsorger oder guten Freund zu Rat ziehen. Im Gespräch muß er die eigenen Vorstellungen bzw. Reaktionsmechanismen hinterfragen; gemeinsam mit dem Gesprächspartner wird er überlegen, was angemessene und was unangemessene Gedanken, Gefühle und Verhaltensweisen sind, und daraus seine eigenen Schlußfolgerungen ziehen. Die als vernünftig erkannten Maßstäbe und Alternativen muß er bewußt annehmen und sie in konsequenter Übung in sein Leben integrieren.

Begleitende Gespräche fordern nicht nur den Betroffenen, sondern auch den Begleiter zu verantwortlichem selbstkritischen Denken heraus. Viele aufgeworfene Fragen (z.B. nach der Unterordnung des Ego unter eine vertrauenswürdige und verbindliche Autorität, nach der Möglichkeit einer realistischen Selbstannahme, nach einer Begrenzung des Egoismus) lassen sich aus dem christlichen Glauben heraus beantworten.

Es kann nicht darum gehen, eine subjektive Ideologie durch eine andere, von außen herangetragene zu ersetzen. Wer einem ratsuchenden Menschen in dieser Phase helfen und ihn nicht verführen will, der muß selbst eine tragfähige und durch hinreichende Erfahrung bestätigte Lebensgrundlage haben. Und er muß den Mut haben, auch eigene Unsicherheiten und Grenzen einzugestehen. Der letzte und bleibende Maßstab für Christen sind die Aussagen des Evangeliums.

Die Erarbeitung einer objektiven Selbsterkenntnis vollzieht sich in zwei Schritten: Selbstbeobachtung und Selbstanalyse.

Zunächst muß der betroffene Mensch lernen, das Negative und Infantile, das Unangemessene und Zwanghafte in seinem Denken, Fühlen und Verhalten selbst wahrzunehmen. Es geht ja nicht darum, ihm etwas einzureden; keinesfalls soll er die innere Fremdbestimmung durch das „innere Kind" gegen eine äußere Fremdbestimmung (durch den Berater, durch die Theorien anderer ...) ersetzen. Er muß selbst das Wirken der Klagemechanismen in seinem Leben verstehen und wahrnehmen. Dafür sind ganz normale Alltagserfahrungen ein gutes Übungsfeld. Gefühle des Unbehagens im Zusammenhang mit bestimmten Gedanken, Erwartungen,

Aufgaben, Alltagsbegegnungen (z.B. beim Gang zu Behörden, Unterredung mit einem Vorgesetzten o.ä.) sind Hinweise auf versteckte Klagen. Diese als solche wahrzunehmen ist nur möglich, wenn zuvor Einsicht in die Wirkungsweisen des „inneren Kindes" gewonnen wurde.

Die Klagen und negativen Verhaltensweisen, die der Betroffene wahrnimmt, sollten möglichst in kurzen Stichworten schriftlich festgehalten werden. Diese Aufzeichnung dient zunächst dem Ratsuchenden zur eigenen Erinnerung; denn das „innere Kind" hat die Eigenschaft zu vergessen, sobald das bewußte Nachdenken über die erkannten Probleme aufhört. Ein Blick auf die eigenen Notizen ruft dagegen die Grundprobleme wieder in Erinnerung und ermöglicht so eine schnellere und intensivere Auseinandersetzung damit.

Der zweite Schritt ist die Selbstanalyse. Der hilfesuchende Mensch muß nun hinterfragen, warum er sich so verhält, so fühlt, so denkt. Er muß herausbekommen, wie die Grundklagen lauten, die sein negatives Selbstbild bestimmen. Er muß zu einer objektiven Erkenntnis seines ganz speziellen „inneren Kindes" und der Gesetzmäßigkeiten seines Wirkens kommen. Diese Selbstanalyse fällt fast allen betroffenen Menschen sehr schwer. Die bestimmenden Mechanismen waren ja unbewußt, unbemerkt, manchmal undeutlich erahnt sein Leben lang in ihm wirksam. So muß es oft richtiggehend geübt werden, die eigenen Gefühle zu entschlüsseln, sie in kurze und präzise Begriffe zu fassen (z.B. Angst: „Ich bin zu schwach, ... wehrlos, ... ausgeliefert, ... dem anderen nicht gewachsen". Oder Einsamkeit: „Ich bin so allein, ... gehöre nicht dazu"). Die Zusammenhänge zwischen Denken, Fühlen und Verhalten müssen verstanden und im eigenen konkreten Erleben wiederentdeckt werden. Und meist gleicht der Versuch, die einzelnen Facetten des infantilen Ichs zu erfassen, einem sehr komplizierten Puzzlespiel.

Da das infantile Ich seine Wurzeln in der eigenen Kindheit hat, selbst in gewisser Weise die unbewältigte negative Seite der Kindheit darstellt, ist es meist sehr aufschlußreich und auch für den Ratsuchenden erhellend, die Verhältnisse der eigenen Kindheit und Jugend zu betrachten und zu analysieren. So wird das emotionale Verhältnis zu Eltern und Geschwistern, zu gleichaltrigen Jungen und Mädchen, zu Mitschülern und Auszubildenden, zu Freunden und „Feinden", zu faszinierenden wie gefürchteten Personen usw. Gegenstand des Gespräches sein.

Der betroffene Mensch muß sich sehr genau fragen, warum er sich in einer bestimmten Art und Weise verhielt. Was wollte er erreichen und was wollte er verhindern? Gelegentlich helfen Bilder aus der Kindheit oder das Gespräch mit Eltern, Geschwistern und Mitschülern über die Verhältnisse der Kindheit und Jugend aus ihrer Sicht, die Vergangenheit objektiver einzuschätzen.

Da sich das infantile Ich der Gegenwart ebenso verhält wie das Kind der Vergangenheit in seiner negativen Ausprägung (es handelt sich unterdessen um einen automatischen Mechanismus im Menschen), bilden die daraus gewonnenen Erkenntnisse eine ganz entscheidende Hilfe für die Analyse des Verhaltens in der Gegenwart. Das Ziel der ganzen Übung muß es sein, den Zwangscharakter wie die konkreten Klagen des unbewußt wirkenden infantilen Ichs genau zu erkennen. Das bedeutet, daß der betroffene Mensch aus dem Zustand des unbewußten Subjekts heraustreten und sich selbst verstehen lernen muß. Er muß es lernen, sich willentlich seiner emotionalen Struktur zu entziehen und die wirkenden Zusammenhänge rational zu durchschauen. Das ist eine sehr schwere Aufgabe; sie zu bewältigen ist aber nicht unmöglich. Sie erfordert allerdings, mit aller falschen Nachsicht gegenüber sich selbst aufzuhören.

Dazu gibt es auch methodische Hilfen. Eine solche ist die Vorstellung eines „Begleiters". Der Betroffene stellt sich vor, daß ein anderer ihn im Alltag ständig begleitet und beobachtet und sich fortwährend fragt: Was tut der Mensch jetzt? Warum tut er es?

Allein die Vorstellung einer solchen „Kontrollinstanz" bewirkt bei den meisten Betroffenen, daß sie sich entdeckt fühlen und wahrnehmen, was sie gern verbergen möchten; auf diese Weise wird eine tiefere Einsicht in die eigenen Verhaltensmechanismen gewonnen.

Selbstbeobachtung und Selbstanalyse sind Aufgaben, die den gesamten Prozeß der Änderung begleiten. Sie können mit der Zeit zu immer tieferen Einsichten führen und frühere Erkenntnisse korrigieren oder differenzieren.

In der Regel werden einem Menschen um so mehr seiner Klagen bewußt, je länger er sich diesem Prozeß der Selbstanalyse unterzieht. Vielen erscheint es nach einer längeren Zeit so, als habe ihr bisheriges Leben womöglich nur aus Klagen bestanden, die sie früher überhaupt nicht wahrgenommen haben.

Es ist auf diesem Weg entscheidend wichtig, daß der betroffene Mensch selbst die Wirksamkeit des „inneren Kindes" wahrnimmt, daß es seine eigene Erkenntnis ist, auf Grund derer er handelt. Nur eine selbstgewonnene Erkenntnis kann ihn letztlich wirklich überzeugen; nur sie kann zu einem neuen Verhalten und zum Kampf gegen das Negative motivieren.

Im Verlauf der Entwicklung einer neuen, veränderten Selbstsicht kommt es immer wieder zu einer grundlegenden Verunsicherung des betroffenen Menschen. Seine ganze bisherige Lebensphilosophie gerät ins Wanken, wenn er erkennt, daß sein Erleben, Verhalten und Empfinden in vieler Hinsicht ausgesprochen unreif und vom Klagen bestimmt war. Gerade in solchen Phasen braucht ein Betroffener die Unterstützung von außen. Er braucht Ermutigung, Zuspruch und einen Begleiter, der ihm hilft, die nötige Ausdauer aufzubringen, und ihn in der Hoffnung bestärkt, daß er eine neue und dann solide Grundlage für sein Leben gewinnen wird.

Ganz allgemein kann gesagt werden: Der Fortschritt echter Selbsterkenntnis ist bereits ein Zeichen der begonnenen Änderung. Menschen, die sich auf dem Höhepunkt dieses Prozesses als das Objekt einer Klagesucht begreifen, haben in der Regel den schwersten Abschnitt des Weges bereits hinter sich.

Viel schwieriger gestaltet sich der Anfang. Es bedeutet einen ungeheuer schweren Schritt, die Tatsache anzuerkennen, daß es sich bei den eigenen Problemen um infantile Klagen handelt, um Reaktionen eines verinnerlichten Selbstmitleidsmechanismus im Verbund mit bestimmten Minderwertigkeitskomplexen.

Zunächst wird der Betroffene Widerstand dagegen entwickeln, eigene Klagen als Reaktionen des Selbstmitleids zu erkennen und anzuerkennen. Dieser Widerstand bildet meist ein Dauerthema im begleitenden Gespräch und stellt auch für den Begleiter eine ständige Herausforderung dar.

Eine realistische Selbsterkenntnis ist die unverzichtbare Voraussetzung, weitere wirksame Schritte gegen den Klagemechanismus zu unternehmen. Die Einsicht allein ist aber noch nicht die endgültige Lösung des Problems.

10.2 Methoden zur Überwindung des Klagens

Wenn ein Mensch erkannt hat, daß sein Verhalten ganz weitgehend von infantilen Reaktionen bestimmt ist, kommt es darauf an, gegen diese infantilen Klagen aktiv vorzugehen. Die Einübung eines neuen Verhaltens beginnt bei einfachen Klagen, die leicht als solche zu durchschauen sind. Wenn der betroffene Mensch merkt, daß er dabei ist, sich selbst zu bemitleiden, kann er darauf reagieren, indem er einfach damit aufhört. Es ist ein einfacher, aber elementarer Grundsatz im Prozeß einer Veränderung, dem Klagen nicht nachzugeben, wenn man sich dessen bewußt wird. Aufhören zu klagen ist zwar ein wichtiger Schritt; allerdings werden die Klagezwänge dadurch noch nicht ernstlich beeindruckt.

Eine weitere Möglichkeit, gegen das Klagen zu kämpfen, nennen wir Umschalttechnik. Wenn der betroffene Mensch erkennt, daß sein Verhalten Ausdruck einer Klage ist, entschließt er sich, gerade das Gegenteil von dem zu tun, was sein „inneres Kind" erreichen wollte.

Beispiel: Einer jungen Frau fällt es schwer, morgens aufzustehen. Sie bleibt im Bett liegen, weil ihr vor dem Abwasch graut, der vom Vorabend her noch in der Küche steht. Die behagliche Wärme im Bett vermittelt Geborgenheit und einen Schutzraum vor der mühsamen und bedrohlichen Wirklichkeit nach dem Aufstehen.

Was geschieht, wenn die junge Frau ihrem Gefühl nachgibt? Sie wird im Bett liegen bleiben, über die unzumutbaren Lasten ihres Lebens grübeln und sich schließlich selbst Vorwürfe machen, daß sie nicht einmal in der Lage ist, die kleinen Aufgaben zu erledigen. Es ist abzusehen, daß diese Möglichkeit ihr aus der negativen Gefühlslage nicht heraushelfen wird; vielmehr wird sie einmal mehr ihre Überzeugung bestätigen, daß sie ja doch zu nichts richtig fähig sei.

Die andere Möglichkeit: Wenn die junge Frau erkennt, daß die Angst vor dem Aufstehen eine infantile Klage darstellt, die aus ihrer Selbstsicht stammt, zu schwach zu sein, um das Leben zu bewältigen, kann sie sich entschließen, dieser Klage nicht nachzugeben und das Gegenteil dessen zu tun, was das „innere Kind" ihr einreden will. Sie kann sofort aufstehen und ohne Zögern den Abwasch erledigen (trotz der Unlust- oder Angstgefühle!). Sie wird feststellen, daß es ohne weiteres möglich war, nachdem sie sich aus vernünftigen Gründen dazu entschlossen hatte; und wird nach Erledigung des Abwaschs das angenehme Gefühl gewinnen, diese Aufgabe bewältigt zu haben.

Solche Erfahrungen stärken das erwachsene Ich im Menschen und vermitteln ihm die Gewißheit, daß er zu vernünftigem Handeln in der Lage ist.

Die Umschalttechnik, dem erkannten Klagen nicht nachzugeben und gleichzeitig das zu tun, was das „innere Kind" gerne vermeiden möchte, hilft sehr vielen Menschen, in praktischen Aufgabenbereichen besser zurecht zu kommen. Sie stellt ein wichtiges methodisches Hilfsmittel bei der Überwindung der Gefühlsstruktur dar; sie bedeutet jedoch noch nicht, daß der Zwangscharakter des Klagemechanismus überwunden ist, daß der betroffene Mensch keine negativen, trostlosen oder unangenehmen Gefühle mehr empfindet, wenn er sein Verhalten durch die Umschalttechnik aktiver gestaltet und scheinbare Probleme besser überwindet.

10.3 Gegenmittel gegen das Selbstmitleid

Ein äußerst wirksames Mittel gegen das Selbstmitleid ist echter Humor gegenüber sich selbst („Selbsthumor"). Lachen und Weinen sind zwei verschiedene Ausprägungen derselben physiologischen wie psychologischen Funktionen im menschlichen Organismus. Der Mensch kann nicht zur gleichen Zeit traurig und fröhlich sein! Es ist möglich, durch echten Humor die Traurigkeit zu vertreiben. Jeder Mensch kennt Situationen, in denen man nicht genau weiß, ob man lachen oder weinen soll. Jedenfalls ist dann eines klar: Beides zugleich kann man auf keinen Fall.

Diese schöpfungsmäßige Gegebenheit läßt sich dahingehend nutzen, mit dem Lachen das Weinen zu vertreiben. Wenn es gelingt, mit echtem Humor über das infantile Klagen zu lachen, wird der neurotische Impuls des Selbstmitleids, sich zu bedauern, zerstört. Auf dieser durch die Schöpfungstatsachen vorgegebenen Erkenntnis beruht der Schwerpunkt des Kampfes gegen das infantile Ich, das „innere Kind". Praktisch sieht das so aus, daß der Mensch das eigene „innere Kind" von außen betrachtet und versucht, eine humorvolle Perspektive zu gewinnen. So können ironisch-witzige

Kommentare über sich selbst und die eigenen infantilen Äußerungen oder Ansprachen an das „arme Ich" bei vielen Gelegenheiten hilfreich wirken.

Auch die Bibel kennt diese Art von „Klagebekämpfung durch Humor". Das Buch Jona berichtet davon, daß Gott selber dem zürnenden und klagenden Propheten, der am liebsten nach der Blamage wegen seiner unerfüllten Prophezeiung sterben würde, mit liebevollem Humor beibringt, wie unsinnig seine Klage ist.

Und wenn Paulus den Thessalonichern schreibt (1 Thess 5,16): „Seid allezeit fröhlich!", dann ist damit wohl auch – zumindest indirekt – der Humor eingeschlossen. Denn Verbissensein und Fröhlichkeit passen nicht zusammen. (Nebenbei: Fröhliche Menschen werden sicherlich nicht an Neurosen erkranken.)

Auch Martin Luther, der hinreichende Erfahrungen mit Anfechtungen und seelischen Problemen hatte, gibt einmal den Rat, daß der Teufel, der durch das Wort Gottes nicht weichen will, ausgelacht werden solle. Was nach Luther für den Teufel gelten soll, kann auch für neurotische Impulse gelten.

Über das infantile Klagen zu lachen, ist keine leichte Aufgabe. Es gelingt schon einem relativ gesunden Menschen gelegentlich nur schwer, z.B. in einer Phase der Verärgerung seinen Ärger mit Distanz zu betrachten und zu begrenzen. Um so schwerer haben wir es uns vorzustellen, daß ein homosexueller Mensch lernt, in der Phase seiner zwanghaften Emotionen gerade über das Infantile der Klagen zu lachen.

Eine weitere Differenzierung der „Humortechnik" ist die Hyperdramatisierung. Sie setzt das klare Erkennen der infantilen Klage voraus. Dazu stellt sich der betroffene Mensch vor, daß sein klagendes Ich ihm gegenüber steht. Er beginnt nun zu diesem klagenden Kind zu reden wie ein Erwachsener, der dem Kind das Klagen ausreden möchte. Zunächst gibt er ihm möglicherweise recht in seinem Klagen und zählt Gründe auf, die die Klage rechtfertigen. Allmählich übertreibt er diese Begründungen, bis sie schließlich absurd und grotesk werden. Dann kann es geschehen, daß das „innere Kind" in ihm zu lächeln oder zu lachen beginnt. Dieses Lächeln über das Absurde der infantilen Klage ist das Ziel der Hyperdramatisierung, die nichts anderes darstellt als eine maßlose Übertreibung der Gründe, aus denen sich der Mensch leid tut.

Kommen wir noch einmal zurück auf das Beispiel der jungen Frau, die sich vor dem Aufstehen fürchtet. Im Rahmen der Hyperdramatisierung kann sich die junge Frau, nachdem sie ihr Klagen erkannt und die Grundklage analysiert hat (hier: Ich bin so schwach und überfordert, ach ich Arme!) das arme jammernde Ich in dem Bett liegend vorstellen, wie es sich in die Decke rollt und ängstlich aus dem Kissen schaut. Dann kann sie ihm erzählen, welch eine Zumutung es doch sei, daß immer sie die Mühsal des Lebens zu tragen hat..., wie gut es anderen geht, die eine ganze Anzahl von Hausangestellten oder mindestens eine Spülmaschine zur Verfügung haben, sie kann ausmalen, wie abgemagert sie schon von der vielen Arbeit ist, daß sich mit der Zeit noch ihre Finger abnutzen werden usw. Je drastischer diese Vorstellungen ausgemalt werden, desto wirkungsvoller werden sie sein.

Die Hyperdramatisierung ist in vielen Varianten und mit vielen Hilfsmitteln möglich. Sie verfolgt im Kern aber immer das Ziel, das unreife und unangemessene Klagen durch Übertreibung ins Absurde zu führen. Bei langfristiger Übung dieser Art des Umgangs mit den eigenen negativen Seiten wird dem zugrundeliegenden Selbstmitleid allmählich mehr und mehr der Boden entzogen. In der beständigen Gegenwirkung gegen das Selbstmitleid liegt die langfristige Wirkung dieser Art von „Selbstbehandlung".

Dieser Weg wird von dem betroffenen Menschen als schwerer Kampf empfunden. Schließlich unternimmt er es, gegen eine jahrelange verinnerlichte Gewohnheit vorzugehen. Es verwundert deswegen nicht, daß der Prozeß der Veränderung keineswegs als eine stetige und geradlinig aufwärts strebende Erfolgsbilanz verläuft. Immer wieder werden Zweifel, Mutlosigkeit und Resignation auftreten. Auch wenn jemand bereits gute und ermutigende Erfahrungen mit sich selbst gemacht hat, kann es wieder zu deprimierenden Niederlagen kommen. Deshalb sind Selbstdisziplin und eine hilfreiche und aufbauende Begleitung so wichtig. Je stärker der Zwang, umso schwerer der Kampf.

Andererseits aber gilt auch: Je entschlossener und konsequenter jemand den Kampf gegen den Zwangsmechanismus aufnimmt, um so kürzer wird der Weg sein, den er bis zur Änderung zu gehen hat.

10.4 Zum Prozeß der Änderung

Viele Menschen wünschen sich schnelle Erfolge. Sie möchten eine Garantie dafür, daß sie das Ziel erreichen werden. Wenn der Weg länger dauert, werden manche ungeduldig (nebenbei: Auch Ungeduld ist eine Reaktion aus Selbstmitleid). Niemand kann mit Sicherheit die Dauer und den Verlauf der einzelnen Wegabschnitte im Prozeß einer solchen Neuorientierung des Lebens vorhersagen. Nach unserer Erfahrung hängen Verlauf und Ergebnis vor allem von zwei Voraussetzungen ab: Einmal von der Tiefe der Störung, die sehr unterschiedlich sein kann, und zum zweiten vom persönlichen Engagement des betroffenen Menschen, von der Entschlossenheit, mit der er den Kampf gegen alles Negative in seinem Leben aufnimmt.

Dieser Entschluß muß notwendigerweise radikal sein. Kompromisse erweisen sich in diesem Fall nur zu oft als Bumerang. Wer nicht wirklich entschieden gegen alles angeht, was er als infantile Klage erkennt, wird möglicherweise nur dazu gelangen, das Problem von einem Symptombereich auf einen anderen zu verlagern.

Ein Beispiel dafür bietet der Fall eines glücklich verheirateten Lehrers, der eine psychologische Beratung aufsuchte, um mit seiner Klasse, mit der er in einem Dauermachtkampf stand, besser zurecht zu kommen. Er litt unter der Minderwertigkeitsklage: „Ich werde nicht akzeptiert, kann mich nicht durchsetzen." Nach einer Zeit der Beratung konnte er sein Verhältnis zur Klasse wesentlich verbessern. Zur gleichen Zeit begannen Schwierigkeiten in seiner Ehe, es gab plötzlich eine Fülle von Problemen um Anerkennung und Entscheidungsgewalt. Schließlich ließ sich seine Frau von ihm scheiden, mit der Begründung, daß er sich zur Unerträglichkeit verändert habe.

Das Ziel der Veränderung ist nicht Symptomverlagerung, sondern Befreiung vom infantilen Klagezwang. Dazu ist ein konsequentes Angehen gegen alle unreifen Impulse in allen Lebensbereichen nötig. Die beste Voraussetzung ist der Entschluß, mit dem Kampf kompromißlos zu beginnen und nicht damit aufzuhören, bis das Klagen verstummt ist, ganz gleich, wie lang und wie schwierig sich der Weg gestalten mag! Die Gewißheit vor Augen, daß das Ziel erreichbar ist, und die ermutigende Erfahrung auf dem Weg, daß jeder einzelne Schritte voran schon den persönlichen Lebenshorizont erweitert und die Fähigkeit zu einer bewußten Lebensgestaltung wachsen läßt, sind motivierende Hoffnungszeichen.

Der Verlauf dieses Änderungsprozesses ist von Person zu Person unterschiedlich. In der Regel nimmt zunächst der homosexuelle Zwang ab. Der Wunsch nach einem entsprechenden Partner tritt nicht mehr mit der gleichen fiebernden Ungeduld auf und wird mit der Zeit schwächer. Manche empfinden nach einer längeren Zeit der Übung der Selbstanalyse den Wunsch nach homosexuellen Kontakten als etwas Fremdes, dem sie in innerer Distanz gegenüberstehen. Andere erleben eine Phase der sexuellen Indifferenz, bevor sie heterosexuelle Neigungen entwickeln. Wieder andere erleben einen plötzlichen Durchbruch zum heterosexuellen Empfinden. Dem können durchaus auch wieder homosexuelle Empfindungen folgen, bevor sich die neue Gefühlsstruktur stabilisiert. Manche erleben Phasen pubertärer Verliebtheit, andere reagieren auf die inneren Veränderungen stabiler. Der individuelle Verlauf ist ganz offenkundig abhängig vom allgemeinen Entwicklungsstand der Gesamtpersönlichkeit. Gemeinsam ist diesem Prozeß allenfalls dies, daß sich nach unserer Beobachtung noch nie ein Mensch den alten Zustand zurückgewünscht hat.

Die schrittweisen Veränderungen im Leben des Menschen sind Zeichen seiner natürlichen Weiterentwicklung und Reifung. Mit dem Zurückweichen des „inneren Kindes", das die weitere Entwicklung der Gesamtpersönlichkeit durch das Festhalten der infantilen Selbstsicht verhindert hatte, ist der Weg frei geworden für ein weiteres Reifen. Die zu beobachtenden Veränderungen sind nicht das Ergebnis von Manipulationen, sondern der sichtbare Ausdruck psychologischer Reifung. Sie haben ihre Entsprechung im fortschreitenden Reifungsprozeß, der sich in jedem Menschen durch das ganze Leben hindurch vollzieht. Jeder Mensch erlebt es als ein Stück Befreiung zur reiferen Persönlichkeit, wenn er unreife Verhaltensweisen durchschauen und ablegen kann. Neue Erfahrungen bewirken auch Bewußtseinserweiterungen und veränderte Lebenseinstellungen.

Christen leben in der Glaubensgewißheit, daß wir nach Gottes Willen geschaffen und bestimmt sind. Wenn es also wahr ist, daß der Mensch nicht das Ergebnis eines blinden evolutionären Zufalls oder das Produkt seines eigenen Willens ist, dann können wir auch formulieren: Der Mensch reift in die Persönlichkeit hinein, die ihm Gott durch die Schöpfung zugedacht hat. Die Heilige Schrift nennt diesen Vorgang Heiligung. Es ist eine lohnende und spannende Aufgabe für jeden Christen, über die Parallelen zwischen psychologischer Reifung und geistlichem Wachstum nachzudenken.

11. Seelsorgerliche Hilfen

11.1 Einladung zum Glauben

11.1.1 Verbindliche Lebensentscheidung

Hauptaufgabe der Seelsorge ist es, daß Menschen ein normales Verhältnis zu Gott, zu sich selbst und zur Welt finden. Findet diese Definition noch einen weitgehenden Konsens, so taucht doch angesichts der Vielfalt kirchlicher Vorstellungen sogleich die Frage auf, was für den christlichen Glauben als „normal" zu gelten hat. Diese Frage ist sicher nicht mit dem statistisch erfaßbaren Durchschnittsverhaltens der Kirchenmitglieder zu beantworten, auch nicht mit den konfessionellen Streitfragen, die gerne bei streitlustigen Theologen zum Glaubensbekenntnis erhoben werden. Verbindliche Antwort gibt uns die Heilige Schrift.

Das eindeutigste Merkmal des normalen christlichen Glaubens ist ein persönliches Verhältnis des Menschen zu Gott.

Die Heilige Schrift beschreibt den Grundkonflikt zwischen Gott und den Menschen als Kampf um die Macht im Leben eines Menschen. Dem Herrschaftsanspruch Gottes steht die Neigung des Menschen zur Autonomie entgegen. Dementsprechend ist die ungelöste Machtfrage das Schlüsselproblem des christlichen Glaubens. Die Trennung des Menschen von Gott ist letzte Ursache all seiner chaotischer Wirklichkeiten.

Ungezählte Menschen bekennen aus ihrer eigenen Lebenserfahrung, daß eine bewußte Lebenshingabe an Gott für sie der Anfang grundlegender geistlicher Heilungsprozesse geworden ist.

Wie kommt ein Mensch zu einem persönlichen Glauben? Manche meinen, man könne in den Glauben durch Erziehung hineinwachsen. Andere bestreiten das. Wie immer man sich dies vorstellen mag – im Leben eines jeden Menschen gibt es den Punkt, an dem er entscheiden muß, ob er dem Willen Gottes oder seinen eigenen Vorstellungen folgen will. Die Entscheidung, Gottes Willen für sich selbst als verbindlich anzunehmen, ist die eigentliche Geburtsstunde christlicher Nachfolge.

Diesen Schritt haben viele postpietistische Bewegungen Bekehrung genannt; andere sprechen heute von der Lebenshingabe an den dreieinigen Gott. Von manchen Kreisen wird die Einladung zu dieser bewußten Entscheidung als „gesetzlich" und der Freiheit des Evangeliums unangemessen abgelehnt. Wir teilen diese Überzeugung nicht.

Die entschiedene und verbindliche Hingabe an Gott ist der Dreh- und Angelpunkt des christlichen Glaubens und entspricht dem ersten Gebot des Dekalogs. Deshalb bedarf es einer persönlichen Entscheidung, die Autorität Gottes im eigenen Leben zu akzeptieren und alle anderen Autoritäten ihm unterzuordnen. Diese Entscheidung bewußt getroffen zu haben, bedeutet für sehr viele Menschen eine entscheidende Motivation und Hilfe, gegen alle Ausdrucksformen des Negativen auch in ihrem eigenen Leben entschlossen vorzugehen.

Viele Menschen, besonders solche mit emotionalen Problemen, leiden nicht nur unter bestimmten neurotischen Impulsen, sondern auch an der Ungewißheit darüber, ob sie wirklich zu Gott gehören, ob ihr Glaube echt sei. Sie messen ihren Glauben in infantiler Weise ebenso an ihren Gefühlen, wie sie auf alle anderen problematischen Lebensumstände gefühlsmäßig reagieren, und je nach der momentanen Gefühlslage empfinden sie Hoffnung oder Zweifel.

Der christliche Glaube ist primär keine Sache religiöser Gefühle, sondern einer verbindlicher Entscheidung zur Nachfolge Christi! Das ist ein Schritt des reifen Willens und wird von allen, die ihn nach reiflicher Überlegung in Freiheit gehen, als Schritt in eine neue Lebensqualität erfahren.

Verheerend wirkt es sich allerdings aus, wenn diese Entscheidung aufgenötigt wird. Viele Christen mit einem starken „inneren Kind" werden das Schreckgespenst von einem rachsüchtigen und drohenden Gott nicht los. Sie folgen der biblischen Botschaft aus ängstlichem Zwang, nicht aus freier Entscheidung. Ein solcher Glaube führt nicht zur Freiheit, sondern stabilisiert lediglich infantile Strukturen von Angst, Einsamkeit und Bedrohung.

Gerade für Menschen mit einem starken „inneren Kind" ist es besonders wichtig, daß eine solch weitreichende innere Entscheidung wie die Hingabe an Gott auf einem gesunden, hinreichend „objektiven" Gottesbild aufbauen kann, in dem Gottes Gnade und Heiligkeit, seine Barmherzigkeit und Gerechtigkeit zusammengehören. Nur auf der Basis eines realistischen Bildes von Gott werden sie auf ihrem Weg zu tiefem Vertrauen wie auch zu aufrichtiger Anerkennung eigener Schuld kommen können.

Und nicht zuletzt: Die Entscheidung, sich dem Führen Gottes zu überlassen und seiner Stimme zu folgen, ist nicht mit einem einmaligen Akt Wirklichkeit geworden; sie bedarf – und bei Menschen mit emotionalen Problemen besonders! – der täglichen Übung, Wiederholung und Erneuerung, des beständigen Festhaltens dieser Grundentscheidung des Lebens.

11.1.2 Vergebung

Mit dem Auftauchen tiefenpsychologischer Begriffe in der theologischen Diskussion ist das biblische Reden von der Sünde in vielen Kreisen auf ein Reden von Schuldgefühlen reduziert worden. Diese inhaltliche Verkürzung beraubt die Botschaft des Evangeliums einer entscheidenden Dimension.

In der Heiligen Schrift ist im Zusammenhang von Sünde nicht von Gefühlen, sondern von Tatbeständen die Rede. Die Sünde ist kein philosophisches oder rein psychologisches Problem, sondern sie ist eine Barriere zwischen Gott und Menschen. Sie ist nicht durch Argumentation und Manipulation zu beeindrucken, sondern allein durch die Vergebung aus der Welt zu schaffen (1 Joh 1,9). Wenn Seelsorge die Vergebung der Sünden nicht mehr anbietet, gibt sie einen wesentlichen Teil ihres Auftrages auf. Die reformatorischen Kirchen geben mit dem Verzicht auf Eindeutigkeit in dieser Frage ein entscheidendes reformatorisches Anliegen preis.

Sünde als das zu erkennen, was sie ist, setzt eine gewisse Glaubenserfahrung voraus. Die Sündenerkenntnis steht deshalb heute meist nicht am Beginn des verbindlichen Glaubenslebens, sondern sie ist ein Zeichen fortschreitender Erkenntnis, aus der das Bekenntnis der Schuld erwächst. Indem ein Mensch seine Sünde bekennt, erkennt er seine Schuld vor Gott an und sagt sich zugleich von seiner Sünde los; er bittet um Vergebung.

Dieser Schritt ist menschlich gesehen oft nicht leicht; er ist aber andererseits eine Hilfe, eine innere Glaubensentscheidung zu einer Neuordnung im Leben auch vor der sichtbaren Welt festzumachen und die Vergebung, die von einem anderen zugesprochen wird, auch wirklich anzunehmen.

Vergebung zu erfahren bedeutet jedesmal einen Schritt der Versöhnung zwischen Gott und Mensch. Für viele Menschen ist diese Neuordnung ihrer Beziehung zu Gott auch ein entscheidender Schritt auf dem Weg zu tragfähigen menschlichen Beziehungen geworden.

11.1.3 Gottes Wort hören

Gott redet zu Menschen auf vielfältige Weise durch sein Wort. Keine menschliche Weisheit kann das Wort Gottes ersetzen. Immer wieder ist zu beobachten, daß Menschen auf der Suche nach einer Befreiung von emotionalen Zwängen in einen ganz persönlichen Prozeß von Erkenntnis der Wahrheit und fortschreitender Befreiung aus Irrwegen und Illusionen hineingenommen werden, wenn sie beginnen, sich am Wort Gottes zu orientieren (Joh 8,31f).

Man kann deswegen – neben der Einbindung in eine Gemeinde – gerade das persönliche Bibelstudium gar nicht hoch genug einschätzen. Die persönliche Begegnung mit Gott, die sich hier vollzieht, bedeutet für Menschen, die sich auf einem Weg radikaler Infragestellung der bisherigen Lebensorientierung befinden, ein Fundament, auf dem eine neue und verläßliche Grundorientierung des Lebens aufgebaut werden kann. Wir nennen diese Lebensorientierung eine Ausrichtung an „geistlich-vernünftigen Maßstäben". „Geistlich", weil sie mit den Intentionen des Evangeliums übereinstimmen sollen. „Vernünftig", weil Gott uns keine Verhaltensweisen zumutet, die unserer Vernunft nicht zugänglich wären. Orientierungsmaßstäbe, die so in Gottes Wort wurzeln und von persönlicher Einsicht getragen werden, sind ein verläßliches Fundament im täglichen Leben.

11.1.4 Gebet – Reden mit Gott

Zu einem lebendigen Glauben gehört das Gebet. Es ist u.a. unsere Antwort auf das Reden Gottes durch sein Wort. Wir sind eingeladen, unsere persönlichsten Anliegen in Gottes Hände zu geben. Das Gebet hilft auch, persönliche Egozentrik zu überwinden. Indem der Mensch sich zu Gott hin öffnet, gibt er seine Selbstbezogenheit und oft selbstgewählte Isolation auf. Das ist für Menschen mit einem starken „inneren Kind" nicht einfach. Vielfach sind ihre

Gebete zunächst egozentrische Monologe, in denen sie sich selbst bemitleiden. Für solche Menschen ist es eine besonders wichtige Gebetsübung, das Danken zu lernen. Klagende Menschen können nur schwer danken. Zu sehr sind sie mit ihren Problemen beschäftigt und von ihren vermeintlichen Benachteiligungen bestimmt. Um so wichtiger ist es, das Bewußtsein auf all das zu lenken, was aus Gottes Gnade ihr Leben möglich, schön und lebenswert macht. Wer diese Perspektive der Dankbarkeit konsequent übt, findet aus Unzufriedenheit und Negativorientierung zu einer ganz neuen Lebensfreude aus Dankbarkeit.

Ebenso ist die selbstgestellte Aufgabe der Fürbitte für bestimmte Menschen oder Anliegen eine Hilfe, über den Horizont des eigenen Lebensdramas hinauszuschauen. Sehr viele geistliche Gemeinschaften haben die Erfahrung gemacht, daß der Dienst der Fürbitte eine wichtige Aufgabe ist, die die eigenen Probleme in die richtigen Relationen rückt und oftmals der Lösung überraschend näher bringt.

Eine besondere Verheißung hat das Gebet der Anbetung Gottes. In der Verherrlichung der Hoheit und Majestät Gottes anerkennt der anbetende Mensch zugleich die Herrschaft Gottes in seinem eigenen Leben. In Gebeten und Liedern vollzieht sich eine heilsame Gemeinschaft mit Gott, wachsen Hingabe und Demut, werden Herzen verändert.

Viele egozentrische Menschen leiden unter zwanghaften Zweifeln. Manche Zeitgenossen halten den Zweifel für das Zeichen einer kritischen Intelligenz. Das gilt in jedem Fall nicht von der Art von Zweifel, die Menschen mit emotionalen Schwierigkeiten geradezu blockieren kann. Zwanghafte Zweifel sind in Wahrheit eine neurotische Plage. Mit permanenten Zweifeln hält der Mensch unbewußt seine tragische Lebensrolle aufrecht, beispielsweise indem er sich ständig beklagt, vielleicht doch nicht geliebt, vielleicht doch nicht angenommen zu sein. Der neurotische Zweifel berührt häufig das Verhältnis zu Gott oder die Frage, ob Gott tatsächlich Gebete annimmt und erhört oder ob er überhaupt da ist. Er ist so etwas wie ein zwanghafter Unglaube und verhindert z.B., den Zusagen des Wortes Gottes zu vertrauen. Dieser Zweifel ist nicht mit verbalen Interventionen und theologischer Argumentation zu überwinden. Der zweifelnde Mensch muß sich selbst entschließen, nicht seine krankhaft zweifelnden Gefühlen und Gedanken zur

Grundlage seines Glaubens zu machen, sondern die Zusagen der Heiligen Schrift. Gott ist denen nahe, die sich ihm anvertrauen und ihn anrufen.

11.2 Einladen zu einer verbindlichen Gemeinschaft

Ein zweites konstitutives Element des normalen christlichen Glaubens ist die verbindliche Gemeinschaft mit anderen Glaubenden. Auch hierfür liegt die Norm nicht im statistischen Durchschnittsverhalten. Besonders eine falsch verstandene „evangelische Freiheit" hat zur schleichenden Selbstauflösung der Kirche geführt. Ein Glaube, der zur bloßen individualistischen Philosophie verkommt, hat mehr mit einer subjektiven Ideologie zu tun als mit dem Glauben an den lebendigen Gott.

Der Apostel Paulus spricht von der Gemeinde als dem „Leib Christi". Damit ist zunächst die geistliche Gemeinschaft der Gläubigen gemeint. Wer zu Christus gehört, wer aus der Kraft des Heiligen Geistes lebt, der ist auch mit den anderen Glaubenden verbunden. Kinder Gottes sind untereinander Geschwister durch den einen Vater und durch die geistliche Kommunikation mit ihm und miteinander.

Die geistliche Gemeinschaft kann aber nicht auf physische Gemeinschaft der Glaubenden verzichten. Die einzelnen Glieder können nur leben, wenn sie in einem organischen Verbund miteinander bleiben. Ihre Aufgaben liegen auch in der gegenseitigen Ergänzung, Hilfe, Korrektur, im gemeinsamen Dienst für Gott an der Welt. Solche Gemeinschaft ist Glaubens- und Lebensgemeinschaft. Hier hat jeder seinen Platz, wird gebraucht und findet darin Freude und Erfüllung. In solchen Gemeinschaften lernt der einzelne von den Erfahrungen seiner Mitchristen, er lernt zu beten und ist eingeladen zum Feiern und Mitarbeiten.

Menschen, die danach fragen, welche der vielen Angebote des kirchlichen Lebens sie wahrnehmen sollen, sei geraten, neben dem Gottesdienst einen verbindlichen Hauskreis zu suchen, der neben dem gemeinsamen Bibelstudium auch eine Aufgabe in der Kirchengemeinde übernimmt. Die verbindliche Hinwendung zur Kirche ist eine zweite Bekehrung.

Nach unserer Erfahrung wird der Glaube mit der Zeit kraft- und belanglos im Leben eines Menschen, wenn er sich nicht in das Leben der Kirche integriert. Menschen, die sich in das Leben der Kirche eingebracht haben, sind auch im persönlichen Glauben gewachsen. Viele, die diesen Weg nicht fanden, haben auch die persönliche Beziehung zu Gott mit der Zeit aus den Augen verloren. Es kann ein einzelnes Glied des Leibes Christi ohne die anderen nur sterben. Oder, mit einem anderen Bild, es können die Hölzer eines Lagerfeuers nur in der Gemeinschaft miteinander brennen, so wie eine Rebe nur am Weinstock wachsen und Frucht bringen kann (Joh 15,5). Es bleibt deshalb eine zentrale Aufgabe der Seelsorge, Menschen den Weg in die christliche Gemeinschaft zu ebnen.

11.3 Konkretes Engagement

Ein drittes konstitutives Element des normalen christlichen Glaubens ist die Bereitschaft zum Dienst für Gott in der Gemeinde und an der Welt. Nachfolge Jesu bedeutet im Neuen Testament Jüngerschaft, eine Zeugnis – und Dienstbereitschaft.

Die traditionelle kirchliche Normalität besteht demgegenüber in Passivität der Gemeindeglieder und ihrer Erwartung, daß kirchliche Funktionäre eine Art religiöser Show zelebrieren, die den Zuschauern gefallen muß. Zwischen dem Anspruch der biblischen Botschaft und der statistischen Wirklichkeit der Kirche liegen Welten.

Für die Begleitung von Menschen mit einer egozentrischen Welt- und Selbstsicht ist es wesentlich, daß sie ihr Leben als Dienst für Gott und an der Welt verstehen lernen. Eine solche Neuorientierung hilft ihnen auch, von sich selbst wegzusehen und sich der Welt und dem Mitmenschen zuzuwenden.

Der Erste Petrusbrief (3,15) fordert die Christen auf, „Rechenschaft zu geben von der Hoffnung, die in uns ist". In unserer Zeit bedeutet dies besonders: Nur über das *glaubwürdige* Zeugnis gelebten Glaubens kann wieder Glauben geweckt werden. Zu solchem Dienst sind alle Gläubigen aufgefordert: sei es in ganz praktischen Aufgaben innerhalb der Gemeinde; sei es in geistlicher Mitarbeit (Ausgestaltung von Gemeindeversammlungen, Kinderarbeit, Diakonie usw); sei es in evangelistisch-missionarischer Mitarbeit oder auch in politischem Engagement aus christlicher Verantwortung. Überall können Menschen, die sich Gott zum Dienst zur Verfügung stellen, Gelegenheit zum persönlichen Zeugnis und zur Rechenschaft über die Hoffnung finden, von der sie leben.

12. Auf der Suche nach einem sinnerfüllten Leben

12.1 Allgemeines

Die Suche nach Glück und Erfüllung bestimmt das Leben vieler Menschen. Vor allem jüngere Menschen betreiben diese Suche mit Engagement, großen Erwartungen und hohem Einsatz. Einige Jahre später geben viele auf dem Hintergrund ernüchternder Erfahrungen dieses Fragen auf; sie richten sich ein im bisher Erreichten und in pragmatischen Vorstellungen. Nicht selten ist aus der jugendlichen Euphorie Resignation geworden.

Christen haben das nicht nötig. Jeder Mensch braucht zu seiner eigenen Stabilität das Bewußtsein, sinnvoll zu leben. In Krisenzeiten und ganz besonders unter dem Eindruck seelischer Störungen ist die Sinnhaftigkeit des Lebens angezweifelt. Auch viele homosexuelle Menschen fragen sich: Weshalb lebe ich überhaupt? Wozu soll ich das ganze Elend bis zur Neige auskosten? Warum gerade ich? Ein relativ großer Prozentsatz der betroffenen Menschen trägt sich mit Suizidgedanken und eine im Vergleich zur übrigen Bevölkerung hohe Zahl führt ihn aus. Das Gefühl der Sinnlosigkeit verstärkt Labilität, Unsicherheit, Ängste und Einsamkeit. Die Motivation zum Kampf gegen das Negative und die Kraft im Alltag nehmen ab. Abgesehen davon, daß das Selbstmitleid, das in solchen Zeiten der Anfechtungen den Menschen gänzlich einnimmt, bewußt gemacht und bekämpft werden muß, hat die Seelsorge den Auftrag, die sachliche Frage nach einem sinnerfüllten Leben zu beantworten. Nur wenn die Frage nach einem übergreifenden Lebenssinn überzeugend gelöst ist, kann der Mensch den Kampf gegen die Gefühle der Sinnlosigkeit aufnehmen und führen.

12.2 „Es ist dir gesagt, Mensch ..."

Der Mensch braucht für sein Leben eine verläßliche Orientierung. Diese zu finden, fällt dem heutigen Menschen anscheinend immer schwerer. Weitgehend erlebt er sich als zurückgeworfen auf sich selbst; fremde Autoritäten und überkommene Wertsysteme sind fragwürdig geworden. Und die Überzeugung der Zeit lautet: Der Mensch muß den Sinn seines Lebens selbst hervorbringen. Zahlreiche Versuche der Lebensorientierung spiegeln dieses Bemühen, dem eigenen Leben einen tragenden Sinn zu geben (z.B. der Traum von der absoluten persönlichen Freiheit, Konsumorientierung, Streben nach persönlicher Anerkennung, völliger Verzicht auf feste Normen oder aber totale Unterwerfung unter Ideologien oder Religionen ...). All diesen Versuchen gegenüber bleibt festzuhalten: Den Sinn unseres Lebens gewinnen wir nicht allein aus uns selbst. Nur der, der unser Leben geschaffen und bestimmt hat, kann uns den Weg zu einem erfüllenden Leben weisen. Und: Wir sind nicht für uns selbst auf dieser Welt. Die Bestimmung unseres Lebens muß über uns hinausweisen. Der christliche Glaube ist überzeugt, daß das Wort Gottes aus dem Dilemma der Orientierungslosigkeit und Leere heraushelfen kann.

Eine sehr komprimierte Antwort auf die Frage nach der erfüllenden Lebenskonzeption gibt uns der Prophet Micha (6,8): „Es ist dir gesagt, Mensch, was gut ist und was der Herr von dir fordert; nämlich Gottes Wort halten und Liebe üben und demütig sein vor deinem Gott."

Gottes Erwartungen schränken unser Leben nicht ein. Sie machen uns nicht ärmer, sondern sie zeigen uns, „was gut ist". Die Weisungen Gottes entsprechen ganz offensichtlich unseren wirklichen Bedürfnissen. Es ist tröstlich, daß wir als Menschen nicht im Unklaren darüber bleiben müssen, wie sich unser Leben erfüllen könnte, denn „es ist uns gesagt". Wir haben im Wort Gottes ein Kursbuch unserer Existenz und eine Wegweisung in ein reiches und sinnerfülltes Leben.

12.3 Gottes Wort halten

Wir sind geschaffen, um Gott zu dienen.
Unser Dienst für Gott besteht zu einem wesentlichen Teil darin, daß wir nach Gottes Wort leben sollen, Gottes Wollen zu unserem Wollen machen. Gerade darin wachsen wir in unsere eigentliche Wesensbestimmung hinein und werden, was wir sein sollen. Gerade die Rede von den Forderungen Gottes ist für viele Men-

schen heute ein Grund, der Kirche, dem Glauben und letztlich Gott selbst zu mißtrauen. Der christliche Glaube mit seinen Geboten erscheint als eine Einschränkung der persönlichen Freiheit und läßt für den, der sich darauf einläßt, einen schmerzlichen Verlust an Lebensqualität befürchten. Manche wünschten sich eine Garantie, bevor sie das Abenteuer des Gehorsams wagen wollen.

Es gehört zu den Geheimnissen des Glaubens, daß sich die Richtigkeit des Weges nur dem erschließt, der ihn geht. Christliche Existenz muß immer auf Gottes Verheißung hin gewagt werden. Und nur im tatsächlichen Abenteuer des Glaubens offenbart sich die tiefe Wahrheit des Wortes Gottes. Es gibt keinen Sinn für unser Leben, der sich auf theoretischem oder nur philosophischem Weg erschließt, sondern nur eine ganz praktische Sinnerfahrung. Der Mensch, der den Ruf Gottes vernimmt und ihm folgt, der Gottes Worte als verbindliche Lebensweisung annimmt, Gottes Nähe im Gebet sucht und seinen Verheißungen vertraut, dem wird sich Gott offenbaren. Gotteserkenntnis ist keine Sache theoretisch-intellektueller Erwägungen; sie geschieht im Lebensvollzug. Sie kann sich plötzlich ereignen oder in einem Prozeß der Lebenserfahrung erschließen. Immer aber ist die Begegnung mit der Wahrheit und Wirklichkeit Gottes im Vollzug des Gehorsams der Schlüssel zur Glaubensgewißheit. Solche persönliche Erfahrungen verändern ein Leben. Sie müssen als einladendes Zeugnis glaubwürdig weitergegeben werden.

Nun ist der Begriff des Gehorsams zweifellos mit einer fragwürdigen Geschichte belastet. Gehorsam klingt für den Menschen von heute nach Unmündigkeit und preußischem Untertanengeist. Dieses eingeschränkte Verständnis ist allerdings eine Fehlinterpretation. In Wahrheit ist Gehorsam nur einer reifen und freien Persönlichkeit möglich. Der Mensch muß sich aus Einsicht entschließen, wem er gehorchen will. Gott will keine ängstlichen Sklaven und notorischen Zweifler. Er will Menschen, die den Mut zum ganzen Engagement aufbringen. Und er wird sich ihnen offenbaren.

Die Begegnung mit dem lebendigen Gott und mit der Wahrheit seines Wortes ist die tiefste Sinnerfahrung, die der Mensch machen kann. Zweifel, Vorbehalte und Unsicherheiten können in letzter Tiefe nur durch die Begegnung mit Gott selbst ausgeräumt werden. Hier liegt auch die Wurzel für ein stabiles christliches Selbstbewußtsein.

12.4 Liebe üben

12.4.1 Die Liebe ist eine Lebenshaltung

Der Mensch ist von Gott zur Liebe bestimmt. Überall in der Heiligen Schrift wird die Liebe als ein Auftrag, ein Gebot beschrieben. Darin offenbart sich das große Mißverständnis unserer Moderne, die die Liebe als eine Art faszinierendes Gefühl versteht, die einen Menschen schicksalhaft überfallen kann. Im Unterschied zu diesen romantischen Vorstellungen ist die Bibel sehr viel nüchterner. Sie sieht in der Liebe eine auf den Mitmenschen gerichtete willentlich vollzogene Aktivität.

Diese Art von Liebe muß man lernen. Wer lieben will, muß lernen, von sich wegzusehen und sich dem Mitmenschen zuzuwenden. Die Liebe ist eine Überschreitung der eigenen Grenzen, eine Selbsthingabe für den, der uns braucht, ein Stück Selbstweggabe, ein Opfer. Im Zusammenhang unserer Fragestellung nach Wegen aus zwanghaften Gefühlsstrukturen kann man den Auftrag, Liebe zu üben, geradezu als eine „göttliche Therapie" gegen Egozentrik und Egoismus verstehen. Vor dem Hintergrund der aufgezeigten psychischen Mechanismen wird die folgende Entfaltung der klassischen christlichen Tugenden deutlich machen, inwiefern gerade diese Werte eine Hilfe bei der Überwindung der dargestellten psychischen Fehlhaltungen bedeuten.

12.4.2 Zum Begriff „Liebe"

Der unreflektierte und inflationäre Gebrauch des Begriffs Liebe hat ihn entleert und entwertet. Eine notwendige inhaltliche Neubestimmung kann sich an folgenden Umschreibungen orientieren:

Fürsorge

Zum Wesen der Liebe gehört die Fürsorge für den Mitmenschen. Wer liebt, achtet darauf, daß es dem anderen gut geht, und hilft ihm in seinen Schwierigkeiten und Problemen. Dieses Verhalten wirkt jedoch auf den Liebenden zurück.

Das Urbild der Fürsorge bleibt das Verhältnis zwischen Mutter und Kind. Ohne die mütterliche Fürsorge kann ein Säugling nicht gesund aufwachsen, er kann überhaupt nicht leben. Zugleich findet die Mutter in der Fürsorge für ihr Kind selbst eine persönliche Bestätigung und Erfüllung.

Verantwortliches Handeln
Zur Liebe gehört substanziell die Verantwortung hinzu. Ein liebender Mensch wird nicht nur nach den Wünschen des Mitmenschen fragen, sondern danach, was wirklich gut für ihn ist. So ist es keine wirkliche Hilfe, einem Alkoholiker seinen Wunsch nach hochprozentigen Getränken zu erfüllen, auch wenn er selbst meint, daß ihm nur dies helfen könne. Ein Mensch, der nach dem Wohl des Nächsten fragt, wird vernünftigen Kriterien des eigenen Gewissens folgen.

Respekt und Achtung
Die Liebe achtet und respektiert den anderen Menschen, sie vereinnahmt und entmündigt ihn nicht. Hinter vielen sog. „kumpelhaften Beziehungen" steckt in Wahrheit der Versuch, dem anderen seine Unabhängigkeit und Freiheit zu nehmen und ihn für die eigenen Interessen zu vereinnahmen. Wirkliche Liebe achtet und respektiert die Persönlichkeit des Mitmenschen und schränkt seine Freiheit nicht ein, sondern fördert sie. Die Freiheit ist eine Voraussetzung der Liebe (Gal 5,1.13).

Offene und ehrliche Kommunikation
Zur Liebe gehört das ehrliche und vertrauensvolle Gespräch. Das bedeutet, aufrichtig zur Kenntnis zu nehmen, was der andere sagt und meint, ebenso wie aufrichtig mitzuteilen, was ich selber denke, fühle und meine. Nur auf der Ebene ehrlicher Kommunikation kann es Verstehen und Verständigung geben.
Manche Menschen meinen, Vertrauen sei eine Art Glauben, daß der andere Mensch auf keinen Fall etwas Falsches tun oder Anlaß zur Enttäuschung geben wird. Ein solches Vertrauen ist eine unrealistische Illusion. Jeder Mensch ist fehlerhaft und kann schuldig werden. Das Mißtrauen beginnt in Wahrheit dort, wo Menschen fühlen, daß ihnen der andere die Wahrheit vorenthält. Offene und ehrliche Kommunikation verhindert illusionäre Vorstellungen in den

menschlichen Beziehungen; sie fördert aber das Wachsen von realistischen Vertrauensverhältnissen.

Vergebungsbereitschaft und Geduld
Eine Konsequenz der realistischen Sicht vom Mitmenschen ist auch die Bereitschaft, Schuld und Versagen zu vergeben. Liebe kommt ohne diese Bereitschaft nicht aus. Dazu gehört auch die Geduld, es mit seinem Mitmenschen trotz seiner Fehler und Schwächen immer neu zu versuchen. Wenn Menschen aneinander keine unrealistischen Forderungen stellen und einander annehmen lernen, wie sie sind, ist tragfähige und dauerhafte Gemeinschaft möglich. Diese Liebe zu üben, wie sie uns Gottes Wort aufträgt, ist der einzige Weg zu einem friedlichen und aufbauenden Miteinander.

12.4.3 *Wen sollen wir lieben?*
Nach der biblischen Botschaft sollen wir Gott lieben als den Schöpfer und Herrn, und wir sollen unseren Nächsten lieben wie uns selbst. Der Auftrag zur Liebe umfaßt nicht nur die ausgewählten Freunde, sondern auch die unbequemen Nachbarn, Kollegen, Vorgesetzten und auch diejenigen Nächsten, die uns, aus welchem Grund auch immer, ablehnend oder feindlich begegnen.
Nicht zuletzt ist in diese Fürsorge- und Verantwortungspflicht auch die Schöpfung Gottes als Ganzes eingeschlossen.
Damit ist ein Übungsfeld abgesteckt, das für ein ganzes Leben ausreichend Gelegenheit zur Einübung in diese Liebe bieten dürfte.

12.4.4 *Selbstliebe – Was ist das?*
Ein besonderes Problem stellt für viele Christen der Hinweis dar, sich selbst zu lieben. Dabei geht es um ein angemessenes und gesundes Verhältnis zu sich selbst, um das gerade auch viele homosexuelle Menschen besonders ringen.
Zwei verbreitete Mißverständnisse sind zunächst auszuschließen. Das eine Mißverständnis sieht in der Selbstliebe eine Art narzistischer Selbstsucht und meint, diese im Gegenüber zur biblisch geforderten Nächstenliebe ablehnen zu müssen. Das ist schon deshalb falsch, weil die Selbstliebe uns biblisch aufgetragen ist.

Das andere Mißverständnis besteht in der Vorstellung, Selbstliebe sei das berechtigte Verlangen nach einer uneingeschränkten Befriedigung der eigenen Wünsche und Bedürfnisse. Man glaubt, man könne nur dann lieben, wenn die eigenen Bedürfnisse vollständig befriedigt seien. Hier wird Selbstliebe verwechselt mit einer egozentrischen Erwartungshaltung, die besser als Selbstsucht zu bezeichnen ist. Selbstsucht ist eine Form der Hab-Sucht. Sie kann sich äußern im zwanghaften Streben danach, etwas zu erwerben, um es zu besitzen oder um den eigenen Wert zu demonstrieren (Besitz, Fähigkeiten, Freunde, Qualifikationen usw.). Sie erwächst nicht selten aus einem tiefen Mangelempfinden, das den selbstsüchtigen Menschen zwingt, sich selbst und anderen ständig den eigenen Wert zu beweisen.

Selbstliebe bedeutet demgegenüber das Streben nach Selbsterhaltung mit dem Ziel, sich weitergeben zu können. So suchte Jesus die Einsamkeit auf dem Berg, um in der Begegnung mit Gott die Kraft zu schöpfen, für die Menschen dasein zu können. Selbstliebe meint eine vernünftige Fürsorge für sich selbst, eine von Selbstachtung getragene Selbstverantwortung. Eine gesunde Selbstliebe zielt darauf, die eigenen Begabungen und Fähigkeiten zu entfalten und zu erhalten, um den Aufgaben und Anforderungen des Lebens gewachsen zu bleiben.

Solche Selbstliebe ist kein egozentrischer Narzißmus, kein Ausdruck der Verliebtheit in das eigene Ich, sondern vernünftiger und verantwortlicher Umgang mit den eigenen Talenten und Möglichkeiten.

12.4.5 Die Frucht der Liebe

Persönliche Reife und dauerhafte Lebensfreude gewinnt der Mensch nicht dadurch, daß er viel besitzt, sondern indem er lernt, sich selbst zu verschenken. Diese Erfahrung ist ein Geheimnis des Lebens.

Niemand kann durch habsüchtiges Verhalten seiner zwanghaften inneren Armut entgehen. Aber alle, die es lernen, ohne eifersüchtiges Schielen auf andere sich selbst zu verschenken, werden mit erfüllender Freude belohnt werden.

Diese Erfahrung der Freude ist eine Frucht der Liebe, die natürliche Reaktion eines seelisch reifen Menschen. Zugleich ist sie die

Motivation, sich dem Nächsten nicht vorzuenthalten. Die Bereitschaft zur Hingabe und zum Opfer ist keine übermenschliche Leistung, die nur besondere Heilige vollbringen können. Sie ist die natürliche Folge seelischer Reifung und der Einsicht in Gottes Schöpfungsstrukturen. Wir nennen diese Freude der Liebe deshalb auch eine zweite Sinnerfahrung.

12.5 Demut

Ebenso wie Gehorsam und Liebe bietet auch der Begriff der christlichen Demut Anlaß zu zahlreichen Mißverständnissen.

Wir umschreiben Demut deshalb als Anerkennung und Annahme der Realitäten, die Gott in unser Leben gestellt oder nicht herausgenommen hat. Wir verstehen sie als eine realistische Annahme der persönlichen Lebensumstände.

Sie ist alles andere als eine übertrieben „fromme" Bescheidenheit (hinter der oft das Motiv steht: Schaut her, wie bescheiden ich bin! oder: Wie bin ich doch so vorbildlich!). Sie ist auch keine Rechtfertigung für ein verkümmertes Mauerblümchendasein.

Demut ist u.a. die bewußte Anerkennung der Realitäten des eigenen Lebens, wie sie Gott jedem Menschen zugeordnet hat.

Viele homosexuelle Menschen – ebenso wie andere Menschen mit einem starken „inneren Kind" – haben infolge ihrer verzerrten Selbstsicht große Probleme, die eine oder andere Tatsache ihres Lebens als Gegebenheit zu akzeptieren. Die Übung der Demut im oben beschriebenen Sinn hat in dieser Situation großen therapeutischen Wert. Da sie alle entscheidenden Lebensbereiche berührt, wird von hier aus eine grundlegende Neuorientierung möglich.

Worauf erstreckt sich diese Annahme der Gegebenheiten des eigenen Lebens? Was muß der Mensch anerkennen und annehmen?

Die eigene Persönlichkeit

Aus der Perspektive des christlichen Glaubens bedeutet die für viele homosexuelle Menschen typische Selbstablehnung eine Mißachtung des Schöpfers. Die Erinnerung daran, daß auch die eigene Persönlichkeit einem guten Schöpfungsgedanken Gottes entstammt, kann den Weg von der Selbstverneinung zur Selbstannahme bahnen. Dazu gehört in besonderer Weise auch die

Anerkennung der eigenen Geschlechtsidentität

Gerade für homosexuelle Menschen ist die Anerkennung der eigenen männlichen oder weiblichen Identität ein besonderes Problem. Die homosexuelle Orientierung hat ja oft gerade in der verweigerten Annahme der eigenen biologischen Rolle eine ihrer Ursachen. Demut bedeutet hier, sich bewußt zu machen, daß sich niemand seine Geschlechtszugehörigkeit aussuchen kann. Jede Bestimmung hat ihre Gaben und Aufgaben, ihre Grenzen und Gefahren, ihre Mühen und Chancen. Sich der damit gegebenen Möglichkeiten und Aufgaben nicht zu entziehen, ist Teil des Schöpfungsauftrags.

Anerkennung der Sexualität

Die Sexualität als wesentliche Konstante menschlicher Existenz ist nicht ins Belieben des Menschen gestellt. Die Sexualität ist wie jedes Charisma eine von Gott gewollte Gabe und hat ihren Sinn für die Gemeinschaft von Mann und Frau in der Ehe. Sie abzulehnen bedeutet auch, die Chance der Zuwendung für den Ehepartner einzuschränken. Die sexuelle Gemeinschaft in einer Ehe ist ein höchst sensibler Bereich, in dem sich unreife Vorstellungen und innerseelische Störungen schmerzlich bemerkbar machen.

Anerkennung der eigenen Gaben und Fähigkeiten

Viele homosexuelle Menschen sehen sich selbst als bedeutungslose Versager. Sie müssen es lernen, ihre Fähigkeiten anzuerkennen, dafür dankbar zu sein und sich selbst zu achten. Ein hilfreicher, aber für betroffene Menschen schwieriger Weg dahin ist die bewußte Entscheidung, Gott für ganz bestimmte an sich selbst wahrgenommene Fähigkeiten zu danken.

Anerkennung der eigenen Grenzen

Jeder Mensch hat Grenzen, die ihm gelegentlich auch schmerzlich bewußt werden. Die Begabungen sind unter den Menschen nicht gleich verteilt. Das ist ein Grund, weshalb wir einander zur Ergänzung brauchen. Und es ist ein Grund zum Staunen und dankbaren Annehmen der Begabungen, die andere haben. So ist jeder Mensch für die ganze Gemeinschaft wertvoll und jeder bleibt auf den anderen angewiesen.

Anerkennung des Ehepartners

Viele verheiratete Menschen kennen die Erfahrung, daß nach der ersten Begeisterung einer jungen Ehe der grundsätzliche Zweifel aufbricht, daß ihre Wahl falsch gewesen sei und sie ihre Entscheidung revidieren müssen. Sie hofften, einen perfekten Partner zu heiraten und haben einen fehlerhaften bekommen. Sie erkennen nicht, daß es sich bei dieser Enttäuschung um ein Grundsatzproblem handelt, das mit jedem anderen möglichen Ehepartner ebenso auftreten könnte. Die zu bewältigende Aufgabe besteht darin, den eigenen Ehepartner zu bejahen, und zwar so, wie er nun einmal ist; umgekehrt muß der Partner das ebenfalls tun.

Anerkennung der Ehelosigkeit

Ehelosigkeit kann viele Gründe haben. Sie ist nach biblischer Sicht ein eigener Stand, der zu achten ist.

Manche Menschen finden in ihrer Ehelosigkeit einen beständigen Grund zum Selbstmitleid. Damit machen sie selbst ihr Leben schwerer und geraten tiefer in die Selbstisolierung. Ehelosigkeit fordert sicherlich in mancher Hinsicht ein Opfer – die Ehe aber, in anderer Hinsicht, ebenfalls. Es kommt meist auf den Standpunkt und Stand des Klagenden an, auf welcher Seite er die größeren Opfer vermutet! Ehelosigkeit gilt es nicht zu beklagen, sondern anzunehmen. Wenn sich jemand nicht zur dauernden Ehelosigkeit berufen fühlt, dann sollte er konkrete Schritte im Blick auf eine zukünftige Partnerschaft unternehmen. Der erste Schritt ist oft die bewußte Anerkennung der gegenwärtigen Situation und die bewußte Zuwendung zur Umwelt. Nur der ist reif für eine Ehe, der auch allein zu leben gelernt hat und auf eigenen Füßen stehen kann.

Anerkennung der eigenen Kinder

Das ist meist solange kein Problem, wie sich die Kinder dem Willen der Eltern unterordnen. Die häufigsten Schwierigkeiten kommen mit der Pubertät und der zunehmenden Loslösung der Kinder vom Elternhaus. Abgesehen davon, daß die Kinder auch dann vielfach dem Vorbild egoistischer Eltern folgen, ist es eine sehr häufige Erfahrung, daß die Entwicklung der Kinder nicht den elterlichen Vorstellungen entspricht.

Dennoch bleiben sie die Kinder ihrer Eltern und die Eltern bleiben

Eltern ihrer Kinder! Auch wenn die Kinder sich von ihren Eltern abwenden, sollten Eltern ihnen zugewandt bleiben. Wenn sie auf Abwege geraten, sollten die Eltern ihnen die Rückkehr nicht unmöglich machen. Und auch wenn Kinder in Fragen des Glaubens andere Wege gehen, müssen Eltern lernen, daß gerade in dieser Hinsicht niemand für einen anderen entscheiden kann; sie sollten nicht aufhören, für sie zu beten und zu glauben.

Annehmen der Mitmenschen

Die Menschen, mit denen wir zusammenleben, Verwandte, Freunde, Nachbarn ebenso wie unangenehme Kollegen, gehören zu den Gegebenheiten des Lebens. Christus hat seine Jünger angewiesen, den jeweils Nächsten zu lieben, selbst jene, die er als Feinde bezeichnet. Das bedeutet nicht, daß wir zu emotionalen Verrenkungen verpflichtet sind, aber es bedeutet, daß wir den Mitmenschen zu achten und anzunehmen haben. Es ist in vielen Fällen nicht unmöglich, durch das Gute das Böse zu überwinden (Röm 12,21 u.v.a.!).

Die Arbeit

Jeder Beruf hat seine angenehmen und unangenehmen Seiten. Hat der Mensch aber einmal begriffen, daß auch die eigene, manchmal unzumutbare oder unbedeutende, eintönige oder wenig anerkannte Arbeit Bestandteil des großen Schöpfungsauftrages Gottes ist, so fällt es leichter, sie anzunehmen. Der Auftrag, Gottes Schöpfung „zu bebauen und zu bewahren" und damit unserem Nächsten zu dienen, verleiht unserer Arbeit den Sinn, den wir brauchen, um sie gern zu tun.

Die Welt, in der wir leben

Niemand lebt auf einer Insel; wir alle sind Teil der Gesellschaft mit all ihren notwendigen und ihren bedenklichen Entwicklungen. Christen sind nicht weltflüchtig. Wir tragen Verantwortung für unsere Umwelt, solange wir Kraft und Möglichkeiten haben, sie wahrzunehmen. Auch der Auftrag Christi (Joh 17,16.18), die Sendung in die Welt, unterstreicht diese übertragene Verantwortung. Nicht im Geist „der Welt" sondern unter der Leitung des Geistes Gottes sind Christen Boten der Hoffnung und des Friedens für unsere Gesellschaft.

Der Rückzug aus der Welt, das untätige Klagen über die schlimmen Verhältnisse, die Schuldzuweisungen an die machtbessesenen und unfähigen Politiker und die Sehnsucht nach paradiesischen Verhältnissen sind Zeichen mangelnder persönlicher Reife. Mit christlichem Glauben haben sie nichts zu tun.

Gemeinde und Kirche

Jedem aufmerksamen Christen geben die Kirchengeschichte und der tatsächliche Zustand von Kirche und Gemeinde hinreichend Grund zu Kritik und Ablehnung. Die äußere Gestalt der Kirche ist nicht nur anziehend und einladend. Und doch verbirgt sich hinter vielen kritischen Stimmen oft nur ein unreifes klagesüchtiges Nörgeln. Die Kirche kann nicht besser sein, als es die Christen in ihr sind. Zu allen Zeiten – auch in Zeiten der schlimmsten Verirrungen – gab es in dieser Kirche Menschen mit echtem Glauben. Diese Kirche hat das Evangelium von Generation zu Generation weitergetragen bis zu uns. In dieser Kirche hat Gott den Glauben von vielen Menschen sichtbar bestätigt, ist Gottes Geist erfahrbar gewesen. Das enthebt die Verantwortlichen in der Kirche nicht der Verantwortung, immer wieder neu nach dem rechten Weg der Kirche und nach einer adäquaten Organisation der kirchlichen Strukturen im Licht des Evangeliums und der realen gesellschaftlichen Verhältnisse zu fragen. Und es verpflichtet Christen, um Jesu willen inmitten der Kirche für ein dem Evangelium gemäßes Leben ihre Stimme zu erheben. Wenn dies aber nicht im Geist der Achtung und Anerkennung vor dem Herrn der Kirche, Christus, und dem Glauben der Väter geschieht, wird die Kirche immer wieder Opfer der Spaltungsgeschichte sein. Die Glaubwürdigkeit der kirchlichen Botschaft von ihrem auferstandenen und erlösenden Herrn wird damit nicht erhöht (Joh 17,20f)! Der Kirche dienen und für die Ausbreitung des Evangeliums wirken kann letztlich nur, wer seine Kirche annimmt und sie mit seinem Glauben stärkt. Nachdenklich machen kann uns die Haltung südafrikanischer Christen. Sie sagen, die Kirche ist wie eine kranke Mutter. Man kann sie nicht verlassen, weil sie krank ist, sondern man muß sie pflegen und stärken.

Das eigene Lebensalter mit all seinen Begleiterscheinungen

Viele Menschen können ihr zunehmendes Lebensalter nur als eine Last sehen und empfinden die vergehende Zeit als furchtbare

Bedrohung. Geburtstage werden dann zu Trauertagen. Daß Lebenszeit Geschenk der Gnade Gottes ist, können sie nicht wahrnehmen.

Der Glaube verhilft zu einer realistischen Grundhaltung zur persönlich zugemessenen Lebenszeit. Christen wissen, daß jeder Tag Geschenk Gottes ist, auf das es kein einklagbares Recht gibt. Wir sind Wanderer von der Zeit zur Ewigkeit. Aus diesem Wissen heraus gilt es, die Zeit in Dankbarkeit gegen Gott und im Dienst für ihn an der Welt „auszukaufen" (Eph 5,15ff).

Krankheit, Sterben und Tod

Auch eine unabänderliche Krankheit, die Gott nicht aus unserem Leben herausnimmt, gilt es anzunehmen. Wir glauben an die Allmacht Gottes, d.h. auch an seine Macht, Krankheit zu heilen und unter Handauflegung und Segnung das medizinisch Außergewöhnliche zu tun. Wir erleben aber auch, daß Gott manche Krankheiten nicht heilt. Heilungen sind und bleiben nicht selbstverständliche Zeichen der Gnade Gottes. Gottes Souveränität läßt sich nicht durch Gebet und Glauben zwingen. Deshalb gilt es auch die Krankheiten anzunehmen, die nicht aus unserem Leben herausgenommen werden.

Auch Sterben und Tod sind unausweichliche Erfahrungen unseres Lebens. Diese Tatsache ernstzunehmen und zu bedenken, macht weise (Ps 90,12). Es hilft uns, unser Leben immer wieder auf das Wesentliche zu konzentrieren, uns nicht in den vielen Alltäglichkeiten zu verlieren, und unsere Lebenszeit zur Hingabe nach Gottes Willen zu nutzen. Wer sein Leben als Gabe Gottes begreifen lernt, wird auch den Zeitpunkt seines Todes aus der Hand Gottes entgegennehmen können.

Diese Sicht des Glaubens ist eine entscheidende Hilfe im Kampf gegen Selbstmordgedanken. Viele Menschen mit seelischen Störungen spielen mit Suizidgedanken. Die Möglichkeit des Selbstmordes findet heute viele Fürsprecher; sie wird nicht selten als Recht hingestellt, das man dem Menschen nicht verweigern kann.

Betrachtet man die auch bei homosexuellen Menschen häufige Tendenz zum Suizid, so erscheint sie als ein weiteres folgerichtiges Symptom infantiler Fixierung. Der betroffene Mensch hat die notwendige Annahme des konkreten eigenen Lebens nicht bewältigt. Er wünscht sich ein Dasein, das seinen Traumbildern entspricht.

Sehr häufig versteckt sich hinter Suizidideen der Wunsch nach einer Bestrafung von Angehörigen oder Freunden, weil diese das unstillbare Bedürfnis nach Zuwendung nicht erfüllt haben. Aus der seelsorgerischen Praxis sind Fälle bekannt, in denen Menschen über Jahrzehnte fast täglich in ihren Tagträumen ihre eigene Beerdigung durchgespielt haben, wobei die vorgestellte Selbstzerknirschung der Angehörigen ein sehr entscheidendes Motiv war. Suizidgedanken sind Folge von Selbstmitleid und Selbstablehnung. Von daher erscheint die Forderung auf ein Recht zum Selbstmord keineswegs als barmherzig; sie bedeutet nichts anderes, als einen unter emotionalen Zwängen leidenden Menschen seinem Schicksal zu überlassen, anstatt ihm einen Ausweg daraus anzubieten.

Demut zu üben bedeutet also in diesem beschriebenen Sinne die Anerkennung und Annahme der Lebensumstände, die Gott dem einzelnen gegeben hat; sie meint eine realistische Selbstannahme. Echte Demut verhindert oder überwindet den inneren Widerstand gegen das eigene Leben, sie verhilft zur Befreiung von Selbstüberschätzung wie von Minderwertigkeitskomplexen, von Neid und Eifersucht. Wenn Menschen in solcher Demut leben können, erfahren sie eine großartige Freiheit. Sie müssen nicht mehr gegen die Realitäten in ihrem Leben kämpfen und lernen, zu sich selbst und ihren Lebensumständen Ja zu sagen. Diese Freiheit ist eine Frucht echter Demut und für jeden, der sie wahrnehmen kann, eine dritte Sinnerfahrung.

12.6 Zusammenfassung

Auf dem Weg zu einem sinnerfüllten Leben wird jeder Mensch an die Grenzen seines eigenen Vermögens gelangen und erfahren, daß es keinen theoretisch wahrnehmbaren und zu begründenen Sinn des Lebens gibt. Sinnerfahrung als konkretes Erleben wird aber möglich, wo ein Mensch zum Glauben findet, daß Gott sein persönliches Leben geschaffen und sein Wesen gestaltet und bestimmt hat. Dieser Glaube wird ihn auch die Geheimnisse des Daseins stückweise erkennen lassen, und zwar wiederum nicht in rein gedanklicher Spekulation. Im praktischen Vollzug der Ordnungen, die Gott unserem Leben gegeben hat, offenbart sich ihr Sinn.

13. Grenzbereiche der Begleitung homosexueller Menschen

13.1 Zu Ehe und Familie

Ehe und Familie können im Gespräch mit homosexuellen Menschen vor allem in zweierlei Hinsicht eine Rolle spielen:
Zum einen sind viele homosexuelle Menschen verheiratet und haben Kinder. Vielfach sind sie eine Ehe eingegangen, weil sie hofften, daß sich ihr „Problem" dadurch mit der Zeit lösen würde. Da dies nicht geschieht, die Schwierigkeiten in der Regel eher zunehmen, müssen sie sich damit auseinandersetzen, wie sie mit ihren Neigungen und Abneigungen im Rahmen einer Ehe umgehen können.
Der zweite Bereich, in dem homosexuelle Menschen mit dem Thema Familie konfrontiert werden, ist der Zusammenhang der Aufarbeitung der eigenen Kindheit und der Analyse der Situation in der eigenen Ursprungsfamilie.
Verheiratete homosexuelle Menschen leben oft in einem sehr schmerzlichen Widerspruch. Einerseits möchten sie in der Regel ihre Familie nicht verlieren, andererseits fällt es ihnen schwer, ihre Rolle als Ehepartner auszufüllen. Aufgrund ihrer zwanghaften Selbstzweifel im Blick auf das eigene Geschlecht halten sie oft eine innere Distanz zu ihrem Ehepartner. Das bringt viele Probleme mit sich. Die sexuelle Gemeinschaft ist beeinträchtigt und wird keineswegs als Hilfe zu einer Neuorientierung erfahren.
Manche Therapeuten und vor allem Stimmen aus dem Lager der emanzipatorischen Homosexuellen raten zu einer Trennung vom Ehepartner, um diesem Grundkonflikt aus dem Wege zu gehen. In der Regel geschieht dies in der Überzeugung, daß es keine andere Lösung gibt. Wir teilen diese Auffassung nicht.
Ehepartner können einander durchaus helfen, wenn sie um das Problem wissen und sich einfühlsam um den Partner bemühen, indem sie ihn dabei unterstützen, seine Problematik in der vorgeschlagenen Weise mit Sachkenntnis zu überwinden. Außerdem haben viele homosexuelle Menschen sehr großes Interesse daran, mit ihrem Ehepartner zusammenzuleben, und meist ein intensives Ver-

hältnis zu ihren Kindern. Der Rat zur Scheidung liegt zwar im Trend der Zeit, ist aber wenig verantwortlich.

Ein besonderes Problem stellt eine häufig anzutreffendeTypenkonstellation der Ehepartner in den Ehen homosexueller Menscher dar. Viele homosexuelle Männer haben auf Grund der eigenen Selbstsicht, schwach und hilfsbedürftig zu sein, Frauen geheiratet, die sehr aktiv und leistungsfähig sind; nicht selten ist es der Typ der großen Mutter oder der zuverlässigen Krankenschwester. Solche Frauen haben die Familienangelegenheiten fest im Griff und sind daran gewöhnt, für den Mann mitzudenken. Beginnt nun der homosexuelle Mann, seine Klageneigung zu überwinden, verändert sich auch das bisher vorherrschende negative Selbstbild; er wird selbst aktiver, zupackender und im Verhältnis zu seinem Ehepartner und zu den Kindern dominanter. Das bringt für manche Frauen das Problem mit sich, daß sie sich auf einen sich verändernden Partner einstellen müssen. Nicht alle Frauen sind dazu bereit oder fähig.

Eine junge Frau, die ihren Mann zu therapeutischen Gesprächen drängte, reagierte mit der Zeit immer ablehnender auf die Veränderungen ihres Mannes. Er sollte wohl zu einer heterosexuellen Orientierung finden, aber ansonsten so „umgänglich" bleiben, wie er bisher war. In dem Maß aber, wie seine homosexuellen Empfindungen nachließen und er mehr Selbstvertrauen gewann, suchte er an den Entscheidungsprozessen in der Ehe mitzuwirken oder sie sogar zu übernehmen. In diesem Fall führte dies dazu, daß die Frau sich von ihm trennte und schließlich scheiden ließ.

Viele Anzeichen in der gesellschaftlichen Entwicklung weisen darauf hin, daß das Verständnis von Ehe und Familie das wichtigste psychosoziale Problem der Gegenwart und der Zukunft darstellt. In dieser grundlegenden Frage hat besonders die Kirche einen substantiellen Beitrag zu leisten und Lebensorientierung zu vermitteln. Dabei geht nicht so sehr um das spezielle Problem der Sexualethik, sondern um grundlegende Aussagen zum spezifischen Selbstverständnis von Männern und Frauen und ihrer Zuordnung in der Gemeinschaft einer Ehe, um einen neuen Mut zum Mann- und Frausein.

Ein weiterer Anlaß, im Gespräch mit homosexuellen Menschen über Ehe und Familie nachzudenken, sind die Kindheitserfahrungen der Betroffenen und die Aufarbeitung des Verhältnisses zu den Eltern. In vielen Fällen geht es darum, ein realistisches Bild von den eigenen Eltern zu gewinnen. Das kann bedeuten, daß die Mängel und Fehler der Eltern als Tatsache im eigenen Leben anerkannt werden müssen und daß der Betroffene lernt, den Eltern zu vergeben und sich ihnen neu zuzuwenden. Es kann in anderen Fällen bedeuten, die verinnerlichte Sicht von den Eltern zu korrigieren, wenn sich zeigt, daß sie nicht der Wirklichkeit entsprach. In fast allen Fällen ändert sich mit der innerseelischen Struktur des Betroffenen auch die Einstellung zu den Eltern. Bei manchen, besonders homosexuellen Frauen, scheint der Abbau von inneren Blockaden zu den Eltern, insbesondere zu dem als problematisch empfundenen Elternteil, geradezu ein Baustein konstruktiver Neuorientierung zu sein.

Auch aus dem Blickwinkel der Kinder heraus ist es unerläßlich, über Ehe und Familie neu nachzudenken. Kinder brauchen zu ihrer normalen Entwicklung stabile Verhältnisse im Elternhaus. Nur bei erwachsenen, reifen Eltern werden sie den Raum der Geborgenheit und des Angenommenseins ebenso finden wie die notwendige kritische Auseinandersetzung und Orientierung auf dem Weg in das eigene Leben. Spannungen und Schwierigkeiten zwischen den Ehepartnern bleiben nicht ohne Folgen für die Kinder. Viele später homosexuell fühlende Menschen hatten Eltern, die ihnen ein Bild der eigenen Geschlechtsidentität und der Partnerschaft vermittelt haben, mit dem sie sich nicht identifizieren konnten.

13.2 Zur Identität als Mann oder als Frau

Seit einigen Jahren wird von vielen Autoren die These vertreten, daß die psychologischen Unterschiede zwischen Männern und Frauen auf eine manipulierende Erziehung in bestimmte Rollen, also auf kulturelle Einflüsse, zurückzuführen seien.

Diese Stimmen kommen besonders pointiert aus Kreisen der emanzipatorischen Homosexuellen wie der feministischen Frauenbewegungen. Beide Interessgruppen wollen damit den Nachweis erbringen, daß geschlechtsspezifische Differenzierungen und die damit verbundenen gesellschaftlichen Rollen keineswegs naturgegeben und vielfach diskriminierend seien.

Wer die Realität näher untersucht und die psychologische Entwicklung von Menschen beobachtet, die sich in einer Phase der seelischen Stabilisierung befinden, stellt demgegenüber fest, daß solche Differenzierungen und damit verbundenes spezielles Rollenverhalten eine natürliche Folge harmonischer Reifung ist.

Die Veränderungen in der Persönlichkeitsstruktur ehemals homosexueller Menschen im Zuge der Änderung aus der homosexuellen Gefühlsstruktur weisen darauf hin, daß sehr deutliche psychologische Unterschiede bei normal entwickelten Männern und Frauen bestehen, die nicht auf eine bestimmte Erziehung zurückzuführen sind. Dementsprechend sind die psychologischen Zuordnungen in der Ehe auch nicht einfach durch die Kultur zu manipulieren oder willkürlich zu gestalten.

Männer und Frauen sind durch die Schöpfung in gewisser Weise determiniert, in einer ganz bestimmten Weise aufeinander bezogen miteinander zu leben und sich zu ergänzen. Da es aber kaum noch Leitbilder für die Ehe gibt und weder in der Gesellschaft noch unter Christen ein begründetes und überzeugendes Modell von der Ehe vermittelt wird, ist eine vernünftige Orientierung für Menschen, die ihr Leben grundlegend neu ordnen müssen, nur schwer möglich.

Vielen Männern und Frauen mit einer entsprechend negativen Selbstsicht erscheint das Ausüben einer bestimmten gesellschaftlichen Rolle als Zumutung. Sie fühlen sich ihr nicht gewachsen, weil sie die dazu nötige Selbstsicherheit nicht erreicht haben.

Homosexuelle Menschen auf der Suche nach einer Veränderung stehen der gesellschaftlichen Rollenerwartung zunächst oft hilflos gegenüber. Sie bemühen sich (oft zunächst erfolglos), der in der Umwelt vorherrschenden Rollenerwartung zu entsprechen. Homosexuelle Männer leiden häufig darunter, der ihnen zukommenden Verantwortung für die Familie nicht entsprechen zu können. Trotz der empfundenen eigenen Schwäche und Instabilität erscheint es ihnen unnatürlich, diese Verantwortung abzulehnen (auch wenn sie diese in der Praxis oft an ihre Frauen deligiert haben); sie fühlen ihren Mangel als schmerzliches Defizit.

Im Verlauf einer erfolgreichen Therapie nehmen die zugrundeliegenden Minderwertigkeitskomplexe ab und das Selbstvertrauen wächst. Der homosexuelle Mann gewinnt damit auch an innerer Sicherheit, Verantwortung anzunehmen und auszuüben. Erfolgreiche Versuche, selbst Verantwortung zu übernehmen, ermutigen ihn, weitere Vorstöße in dieser Richtung zu unternehmen. In den allermeisten Fällen ist zu beobachten, daß die Erfahrung, die Rollenerwartung ausfüllen zu können, zu einer beträchtlichen Stabilisierung und Steigerung des Selbstwertgefühls beiträgt. Die angetragene Verantwortung wird nicht mehr als Zumutung empfunden, sondern als eine Herausforderung, die dem eigenen Wesen entspricht. Analoges gilt auch für homosexuelle Frauen im Blick auf ihre weibliche Rolle.

13.3 Zur geschlechtsspezifischen Erziehung der Kinder

Ziel einer angemessenen Geschlechtserziehung ist es, dem Kind die psychologische Identifizierung mit der eigenen Geschlechtsrolle zu ermöglichen. Eine wichtige Voraussetzung dafür ist es, daß die Eltern selbst ein positives Verhältnis zu ihrer eigenen Geschlechtszugehörigkeit haben. („Erziehung ist Beispiel und Liebe, sonst nichts", sagt Friedrich Fröbel.) Eltern müssen ihren Kindern, Jungen und Mädchen, helfen, ihre jeweiligen Gaben zu entdecken und als Aufgaben anzunehmen, ihre ihnen gemäße spezielle Rolle zu schätzen.

Diese Entwicklung geschieht zum einen auf dem Weg der Identifikation, z.B. indem Väter mit ihren Söhnen und Mütter mit ihren Töchtern spezielle Aufgaben erledigen. Die Kinder haben so die Möglichkeit, sich mit der eigenen Geschlechtsrolle vertraut zu machen, sich zum jeweils eigenen Geschlecht zugehörig zu fühlen.

Ebenso müssen Jungen und Mädchen von dem gegengeschlechtlichen Elternteil in ihrer biologischen Rolle anerkannt und bestätigt werden.

Wesentlich für die Anerkennung und Achtung des anderen Geschlechts ist vor allem, daß das Kind in der Beziehung der Eltern gegenseitige Achtung und Ergänzung und damit ein positives Modell von Partnerschaft vorgelebt bekommt. Eine entsprechende geschlechtsspezifische Erziehung von Jungen und Mädchen hilft den Kindern, sich in der Gemeinschaft von Gleichaltrigen leichter zu orientieren und einzufügen.

Es versteht sich von selbst, daß Eltern alle Kinder, Jungen wie Mädchen, gleichermaßen lieben und achten sollten. Unter den Kindern soll keine Rangordnung der Beliebtheit entstehen, schon gar keine, die auf einer bestimmten Geschlechtszugehörigkeit beruht. Rivalitäten zwischen Geschwistern sind normal. Eltern haben hier aber die Aufgabe, das jeweilige Verständnis für die „Größeren" oder die „Kleineren" zu fördern. Besondere Begabungen dürfen nicht gegeneinander ausgespielt oder als Druckmittel für größere Leistungen mißbraucht werden.

Kritische Punkte in der Erziehung sind immer dort, wo Kinder in der Gefahr stehen, ein negatives Selbstbild zu entwickeln. Eltern sollten sich fragen, an welchen Stellen Erfolg den Jungen oder Mädchen am wichtigsten ist und wann sie sich am ehesten bestätigt fühlen.

Schließlich müssen die Eltern alle Kinder, Jungen wie Mädchen, gleichermaßen mit zunehmendem Alter loslassen und zur Selbständigkeit erziehen.

Zur ausgewogenen Erziehung brauchen die Kinder beide Eltern, Mutter und Vater. Lebenseinsichten werden von Müttern anders vermittelt als durch Väter. Während viele Einstellungen durch die Mutter intuitiv vermittelt werden (z.B. Lebensangst oder Lebensmut, Traurigkeit oder Heiterkeit, Selbstvertrauen oder Selbstzweifel usw.), wird die Vermittlung durch den Vater in der Regel stärker verbaler und rationaler Natur sein. Besonders mit zunehmendem Alter gewinnt das väterliche Wort ein starkes Gewicht. Er sollte den heranwachsenden Kindern vor allem helfen, ihre Wege in die Welt zu finden und Probleme selbständig und vernünftig zu lösen.

Zusammenfassend können wir sagen: Kinder brauchen eine Mutter, die sie bedingungslos liebt und anerkennt und ihnen den nötigen Freiraum zur persönlichen Entfaltung läßt; und sie brauchen einen Vater, der ein wirkliches Interesse an ihnen hat und ihnen den Weg zu Gott und in die Welt finden hilft. Kinder, die solche Eltern haben und sich mit ihnen identifizieren können, werden kaum in der Gefahr stehen, eine homosexuelle Gefühlsstruktur zu entwickkeln.

13.4 Sonstige Hilfen auf dem Weg zur Änderung

Homosexuelle Menschen, die den Kampf gegen den Klagemechanismus beginnen, brauchen in der Regel bei diesem Prozeß sehr viel Unterstützung.

Mit neurotischen Widerständen rechnen

Viele sind geneigt, nach kurzer Zeit aufzugeben. Mangelnde Charakterstärke (zu viel Nachsicht gegen sich selbst) und Verzagtheit (eine Reaktion aus Selbstmitleid) führen zur häufigen Klage: „Ich schaffe es nicht!"

Andere setzen sich selbst unter Druck und erwarten, sie müßten eine baldige Änderung „schaffen".

Wieder andere scheuen sich davor, ihre „tragische Situation" mit Humor zu betrachten. Sie wollen eine „ernste Lösung" und erwarten stundenlange Gespräche über ihre Probleme. Dahinter verbirgt sich der Widerstand des „inneren Kindes", das gerne klagen möchte und sich dagegen sträubt, daß ihm die Berechtigung für das Selbstmitleid durch Humor entzogen werden soll.

Eine kritische Situation entsteht häufig im Verlauf des Änderungsprozesses, wenn es erste Erfolge gibt und sich die Gefühlslage zum Positiven verändert. Die Verbesserung der Situation verleitet dazu, mit dem Kampf gegen das „innere Kind" nachzulassen und die noch auftretenden Klagen als nicht mehr gravierend herunterzuspielen. An diesem Punkt ist jedoch besondere Konsequenz gefordert. Wer jetzt nachlässig wird, wird erreichen, daß der Klagezwang neuen Raum gewinnt; das „innere Kind" gewinnt den Einfluß zurück, den es verloren hatte.

Diese Formen des Widerstands gegen eine dauerhafte Veränderung sind neurotische Manöver, die als solche durchschaut und überwunden werden müssen.

Praktische Alltagsbewältigung

Manche Menschen kommen mit ihrer Alltagsplanung nicht zurecht, haben Schwierigkeiten beim Organisieren ihrer Aufgaben, beim Fällen oder Durchhalten von Entscheidungen u.ä. In solchen Fällen können und müssen Hilfen geschaffen werden, die eine praktische Organisation des Alltags erleichtern und einüben.

Realistische Lebenseinstellung

Sehr wesentlich ist es, daß homosexuelle Menschen eine realistische Einstellung zum Leben gewinnen. Die spezielle Selbstsicht eines homosexuellen Menschen hängt in wesentlichen Punkten mit falschen Vorstellungen von der Welt und den Menschen zusammen.

So sind z.B. oft falsche Vorstellungen von Glück abzubauen. Manche meinen, Glück sei ein Zustand der Problemlosigkeit, Probleme zu haben dagegen sei ein Grund für tragische Gefühle. Das ist unrealistisch. In Leben jedes Menschen wird es immer wieder einmal größere oder kleinere Probleme geben, die zu lösen sind. Jeder Mensch muß das annehmen lernen und die anstehenden Aufgaben ohne falsches Selbstmitleid lösen. Problemstellungen gehören in gewisser Weise zum normalen Leben dazu, sie sind kein tragischer Sonderfall.

Problematisch ist das Selbstbild der Schwachheit vieler homosexuell fühlender Menschen, das ihm suggeriert, er sei mit einer an sich normalen Aufgabe höchst überfordert.

Rückkehr aus der Phantasiewelt

Viele homosexuelle Menschen haben sich eine eigene Traumwelt in Tagträumen entwickelt. Um der bedrohlichen Außenwelt zu entgehen, flüchten sie sich in phantastische Traumwelten. Hier können sie stark sein und es ihren „Feinden" zeigen, was ihnen in der realen Welt nicht gelingt, weil sie sich nicht zu wehren wagen. Solche Tagträume bergen in sich die Möglichkeit der Verselbständigung und damit die Gefahr, daß der Betroffene schließlich Phantasie und Wirklichkeit nicht mehr klar unterscheiden kann. Zur persönlichen Reifung gehört es, sich an den Tatsachen der realen Welt und nicht an phantastischen Träumen oder dramatischen Gefühlen zu orientieren.

Ein besonderer Fall von solchen Tagträumen sind sexuelle Phantasien. Ein homosexuell fühlender Mensch, der sich einem Klagezwang folgend nach einem Partner sehnt, ihn aber in der Realität nicht findet, verlagert seine Wünsche in die Phantasiewelt. Solche Phantasien können schnell ein Eigenleben entwickeln und sich sowohl zwanghaft in Klagesituationen äußern als auch in Nachtträumen auftreten. Der Kampf gegen die homosexuellen Klagen richtet sich auch gegen solche Phantasien. Der betroffene Mensch kann sich dagegen wehren, indem er die auftretenden homosexuellen Phantasien abschaltet oder hyperdramatisiert. Er muß sich nicht in diese Phantasiewelt hineinziehen lassen. Er kann entscheiden, welchen Gedanken er in seinem Leben Raum gibt. Emotionale Stabilität und Reife schließen auch die Selbstdisziplin in der Gedanken- und Phantasiewelt ein.

Negatives mit Positivem bekämpfen

Generell ist Wachsamkeit gegenüber negativen Lebenshaltungen geboten. Die oft vorherrschende Ängstlichkeit macht betroffene Menschen empfänglich für alles Negative und Gefährliche. Manche homosexuell fühlenden Menschen haben einen ausgeprägten Dämonenglauben entwickelt und beschäftigen sich ständig mit okkulten Bedrohungen. Andere leiden darunter, daß sie sich ständig von katastrophalen Situationen bedroht sehen, seien es Krankheiten (hypochondrische Neigungen), Unfälle, Versagenssituationen. Herausforderungen werden oft als übergroße Belastungen und Gefahr gemieden (z.B. Sportwettbewerbe, Autofahren, Wehrdienstzeiten usw.). Die Begründungen, die zur Vermeidung solcher Situationen herangezogen werden, verbergen dabei in der Regel die eigentlichen Motive (– die dem Betroffenen selbst u. U. nicht bewußt sind). Andere Folgen innerer negativer Haltungen können chronischer Ärger und Gereiztheit oder zwanghafte Zweifel sein. Auch die Empfänglichkeit für Schmeicheleien und unangemessene Überschwenglichkeit sind Zeichen der Unreife.

Begleitende Hilfen zu einer positiven und von Selbstvertrauen bestimmten Lebenshaltung können besonders bei ängstlichen und zaghaften Menschen sportliche Betätigungen sein. Für eine ganze Reihe ehemals homosexuell fühlender Menschen sind sportliche Erfolge zu einem wesentlichen Element der Selbstachtung und der Überwindung ihrer Minderwertigkeitskomplexe geworden.

Andere erfahren Hilfe durch das eigene Musizieren im privaten Bereich oder die Mitwirkung in einem Chor. Wie wenig anderes ist die Musik geeignet, den Menschen von sich selbst weg und in den Einfluß entsprechender aufbauender und frohmachender Melodien oder Texte hineinzuziehen. Besonders durch den Gesang partizipiert der Mensch am Inhalt des Liedes, und nicht wenige können so auch negative Stimmungen geringerer Stärke überwinden.

Vielfach erkennt man Menschen mit seelischen Problemen bereits an ihrer Körperhaltung oder an einem unsicheren Blick. Auf dem Weg zu innerer Stabilität ist es hilfreich, wenn sich betroffene Menschen auch um eine angemessene aufrechte Haltung und um ein stabiles Auftreten bemühen.

Aktive Lebensgestaltung
Zu einer veränderten Lebenshaltung gehört auch, daß betroffene
Menschen lernen, aktiv und bewußt zu arbeiten und zu leben. Das
Selbstbild der eigenen Schwäche verführt zu Passivität und Scheu
vor Anstrengungen. Die Umschalttechnik ist oft eine große Hilfe
dabei, die notwendigen Aufgaben in Angriff zu nehmen und die Erfahrung zu machen, daß sie lösbar sind. Erfolge im Berufsleben
und im Alltag stärken die Erwachsenenpersönlichkeit und helfen
auf dem Weg aus dem Klagen zu mehr Zuversicht und Selbstsicherheit.

Grundsätzlich gilt: Alle Tendenzen zu negativen Lebenshaltungen
müssen untersucht und gegebenenfalls, wenn sie als Klagen des
„inneren Kindes" erkannt sind, überwunden werden. Alle Hilfen,
die einer vernünftigen und fröhlichen Lebenshaltung dienen, sind
zu unterstützen.

Versöhnung mit der eigenen Vergangenheit
Ein sehr wichtiger Schritt auf dem Weg aus homosexuellen Zwängen ist die versöhnende Aufarbeitung der Vergangenheit. Abgesehen davon, daß Eindrücke aus der Vergangenheit auch unrealistische Übertreibungen des „inneren Kindes" sein können, gibt es
hier in vielen Fällen deutlich erkennbare Verletzungen durch die
Schuld anderer. Diese Tatsache gilt es anzuerkennen. Auch tatsächlich geschehene Schuld ist nur durch Vergebung aus der Welt zu
schaffen. Vergebung bedeutet, auf sein vermeintliches Recht auf
Rache zu verzichten. Als Christen sind wir um der Vergebung
Christi willen auch zur Vergebung aufgerufen. Unversöhnlichkeit
und Haß verhindern Reifung und Heilung. Zur Vergebung gehört
auch, die Geschichte nicht länger festzuhalten, sondern zu vergessen. Schließlich ist es hilfreich, für die Menschen, von denen man
Leid erfahren hat, zu beten und sie zu segnen. Aus der Haltung der
Abneigung und des Hasses wird so eine Haltung der christlichen
Mitverantwortung. Rachegefühle sind infantile Gefühle – und sie
müssen als solche angesehen und überwunden werden. Auch dabei
ist die Hyperdramatisierung eine wirksame Hilfe.

13.5 Das Problem der religiösen Rechtfertigung neurotischer Klagen

Einwände gegen die Sicht vom „inneren Kind" und den Kampf gegen den Klagemechanismus gibt es immer wieder auch mit Berufung auf eine christliche Motivation.

Ein häufiges Argument gegen den Kampf gegen des „innere Kind" lautet: Schließlich habe Christus die Menschen aufgefordert, wie die Kinder zu werden, um das Himmelreich zu empfangen.

Dieser Hinweis ist richtig. Das Wort Jesu, das ihm zugrundeliegt, bezieht sich auf das Verhältnis des Menschen zu Gott. Christus erwartet ein Vertrauen zu Gott, dem Vater, wie Kinder ihrem Vater vertrauen. Er spricht aber an keiner Stelle von einer negativen Selbstsicht, die wir der Einfachheit halber „inneres Kind" nennen oder als „unreifes infantiles Ich" bezeichnen. Christus hat nicht gesagt: Wenn ihr nicht kindisch werdet... Im Gegenteil: Er will erwachsene, zu Glauben und Vertrauen fähige reife Menschen in seiner Nachfolge. Menschen mit einem „inneren Kind" sind zu diesem erwachsenen Glauben und Vertrauen oft nur sehr eingeschränkt fähig. Die Notwendigkeit einer erwachsenen Glaubenshaltung wird vom Apostel Paulus im Ersten Korintherbrief sehr eindrücklich unterstrichen (13,11). Zum Erwachsenwerden gehört, das Kindliche abzulegen, um nicht kindisch zu werden. Christlicher Glaube braucht reife, erwachsene Persönlichkeiten. Erwachsener Glaube schließt ein kindliches Vertrauen auf Gott, wie das Sich-Verlassen-Können der Kinder auf ihren Vater, nicht aus, sondern ein.

Ein zweiter Einwand bezieht sich auf die Rechtfertigung des Klagens. Manche meinen, die Klagepsalmen im Alten Testament widersprächen der hier betonten Sicht in bezug auf das Klagen.

Die Beter der Klagepsalmen wenden sich mit ihrer echten Not (nicht mit neurotischen Klagezwängen) an Gott. Sie legen ihm ihre Anliegen vor und schließen in der Regel in der Gewißheit, daß Gott diese Not wenden wird. In diesen Psalmen kommt der Glaube zum Ausdruck, daß Gott aus der Not hilft.

Im Unterschied dazu ist das neurotische Klagen ein Zwang, bei dem es – oft mit unrealistischen Begründungen – darum geht, die Reflektion des eigenen „tragischen Leidens" festzuhalten. Ein so Klagender findet im Klagen eine Rechtfertigung für sein eigenes

Selbstmitleid. Solches Klagen führt nicht zu Erleichterung und Vertrauen, sondern verstrickt meist immer tiefer in das eigene Klagelied.

Während das Klagen in den Psalmen ein Ausdruck des Glaubens ist (das Weinen Jesu über Jerusalem ein Zeichen des Rettungswillens und echten Für-Leidens), handelt es sich bei dem neurotischen Klagen um ein Zeichen der Fixierung auf sich selbst. Das Zwanghafte der Situation liegt jedoch darin, daß die Unangemessenheit der Klagehaltung vom Betroffenen selbst oft nicht erkannt werden kann; seine Klage erscheint ihm als subjektiv berechtigt.

Interessanterweise unterscheidet der Apostel Paulus eine „Traurigkeit nach Gottes Willen", die eine Umkehr zum Heil bewirkt, von einer „Traurigkeit der Welt", die zum Tode führt (2 Kor 7,10). Mit dieser Traurigkeit der Welt kann sehr wohl die selbstmitleidige, selbstbezogene Klagementalität bezeichnet sein. Die großen geistlichen Persönlichkeiten aller Zeiten waren jedenfalls alles andere als verzagt und ängstlich.

Natürlich können auch gereifte Persönlichkeiten Trauer als Reaktion auf Leiden erfahren. Diese Traurigkeit als Ausdruck echter Not, als Reaktion auf erfahrenes Unglück wird normalerweise nach einer angemessenen Zeit bewältigt und abgeschlossen.

Ein anderes, ebenfalls problematisches religiöses Mißverständnis wurzelt in der Tatsache, daß sich ein klagendes „inneres Kind" häufig mit religiösen Leidens-Motiven oder anderen leidenden Menschen identifiziert.

Solche Haltungen finden wir auch bei homosexuellen Menschen. Manche projizieren ihren eigenen Schmerz und ihr eigenes tragisches Selbstbild (schwach und wehrlos zu sein) z.B. in den leidenden Christus. Die Betrachtung des Leidens Christi kann zu einer Betrachtung des eigenen Leidens und zu einem Bad im Selbstmitleid werden, statt zu einer Begegnung zu führen.

Solches Hingezogensein zum leidenden Christus (oder zu entsprechenden Heiligen) ähnelt eher einem Leidensfetischismus. Es ist eine ungesunde Kreuzesmystik. Das „innere Kind" benutzt das Bild des leidenden Christus als Anlaß zum hemmungslosen Selbstmitleid; als Rechtfertigung der eigenen Neigung zum Tragischen.

Für andere wird die Betrachtung der Passion Jesu Anlaß zu immer neuen Selbstanklagen. Sie betrauern das Leiden Christi, an dem sie sich schuldig fühlen. Diese Trauer führt jedoch nicht dazu, daß sie ihr Leben in den als Schuld empfundenen Punkten ändern. Vielmehr brauchen sie das Schuldbewußtsein als Rechtfertigung der Selbstanklage.

Das Kreuz Jesu ist keine Aufforderung zu Sentimentalität und Mitleid, sondern eine Erinnerung daran, daß Christus durch seinen Tod die Erlösung vollbracht hatt. Es ist ein Zeichen des Sieges und der Freiheit aus der Verlorenheit der Sünde. Eine angemessene Verehrung des Kreuzes besteht in der Dankbarkeit gegen Gott und darin, die entsprechenden Konsequenzen im eigenen Leben zu ziehen.

14. Chancen und Grenzen der Seelsorge an homosexuellen Menschen

14.1 Der Helfer und die Hilfe

Der seelsorgerliche Begleiter kann die Änderung aus der Homosexualität weder bewirken noch sie dem betroffenen Menschen einreden, er kann dem Hilfesuchenden auch den eigenen Kampf gegen zwanghafte Strukturen nicht abnehmen. Die Aufgabe des Begleiters liegt darin, sachgerechte Auskunft zu erteilen, immer wieder zum Durchhalten zu ermutigen und so begleitend dabei zu helfen, daß der homosexuell fühlende Mensch den Anti-Selbstmitleids-Weg selbst gehen lernt.

Immer wieder gilt es, die Widerstände des Selbstmitleids durch unbeirrtes Hinweisen auf die Gesetzmäßigkeiten der Störung und durch Festhalten an den einzelnen Schritten zur Veränderung zu überwinden. Das ist nur möglich auf Grund einer deutlichen Einsicht in die Zusammenhänge. Da der Helfer auch immer neu die Gewißheit bestätigen muß, daß der Weg richtig ist und zum Erfolg führen kann, braucht er selbst eine solide Grundlage.

Keineswegs darf ein Seelsorger der Versuchung nachgeben und Zusagen über Dauer und Ergebnis des Weges zur Veränderung machen. Denn diese sind nicht abhängig vom guten Willen des Helfers, sondern vor allem von dem Engagement des Hilfesuchenden, der Tiefe seiner Störung und bestimmten Charaktereigenschaften wie Einsicht und Willensstärke. Ebensowenig darf der Begleiter sich in den Sog des Selbstmitleides ziehen lassen.

Vielmehr geht es darum, den betroffenen Menschen zur aktiven Mitarbeit zu gewinnen, denn er selbst muß den Weg über die Selbstanalysen und die Hyperdramatisierung gehen, er muß Einsicht in die Fehlerhaftigkeit und Vergeblichkeit seines Denkens, Fühlens und Verhaltens gewinnen und er muß selbst den Kampf zur Überwindung des Negativen führen.

Um in den Gesprächen korrigierend eingreifen zu können, muß sich der seelsorgerliche Begleiter die eigene Unabhängigkeit bewahren. Viele Menschen mit einem starken „inneren Kind" wünschen sich eine besonders enge oder exklusive Beziehung oder

Freundschaft zu dem, der ihnen helfen soll. Der Begleiter muß beachten, daß ihm durch eine zu enge persönliche Bindung die Möglichkeit genommen werden kann, sachlich angemessen reagieren zu können.

Da es sich bei der homosexuellen Gefühlsstruktur um eine Entwicklungsstörung handelt, kann der seelsorgerliche Begleiter lediglich das Negative (die falsche negative Selbstsicht und das zwanghafte Selbstmitleid) bewußt machen und Einsicht in geistlich – vernünftige Maßstäbe zur Lebensgestaltung vermitteln. Daß der Betroffene diese Einsicht in praktische Konsequenzen umsetzt und eine Entwicklung zu mehr persönlicher Reife durchmacht, liegt nicht in der Hand des Begleiters.

Durch das Zurückdrängen des Negativen kann die Persönlichkeit weiter reifen. Der Mensch wird, befreit von der Gefangenschaft durch die fixierten Klagestrukturen, von ganz allein weitergehende Entwicklungsstadien durchlaufen und in seine ihm von Gott gegebene Persönlichkeit hineinwachsen. Dabei sind die Begleiterscheinungen der Veränderung gelegentlich überraschend, da sie sich nicht nur auf die speziellen Klagen, sondern auf alle Lebensverhältnisse beziehen.

14.2 Zum Verhältnis von Seelsorge und Psychotherapie

Im Blick auf die seelsorgerliche Begleitung von Menschen mit emotionalen Störungen gibt es unter Seelsorgern unterschiedliche Auffassungen darüber, wie eine wirksame Hilfe aussehen muß. Immer wieder taucht aus unterschiedlichen Gründen die Frage auf, ob nicht die Erfahrungen der Psychotherapie weiterhelfen könnten. In der Beantwortung dieser Frage gibt es zwei extreme Haltungen, die vorab angedeutet werden sollen.

In verschiedenen kirchlichen Kreisen wird der Hinweis auf psychotherapeutische Hilfen als Mißtrauen gegen den Heiligen Geist gewertet. Vielfach steht dahinter – ob ausgesprochen oder unausgesprochen – die Überzeugung, daß unter Buße und Gebet der Heilige Geist die Dinge ordnen werde. Geschieht dies nicht, so mangle es dem betroffenen Menschen an Glauben.

Ganz ähnlich liegen die Dinge in manchen charismatischen Gottesdiensten mit dem Angebot des Gebets- und Segnungsdienstes für die Kranken. Viele unter Störungen leidende Menschen haben dieses Angebot angenommen und haben unter dem Eindruck des Gebets und in großer Hoffnung unmittelbar danach bezeugt, daß sie Befreiung erfahren haben.

Aus der eigenen begleitenden Arbeit muß berichtet werden, daß in vielen derartigen Fällen in einem gewissen zeitlichen Abstand zu diesen hoffnungsvollen Erfahrungen homosexuelle Empfindungen wieder auftraten. Die Betroffenen sind enttäuscht, manche bezichtigen sich selbst des Unglaubens, viele trauen sich nicht, offen von ihrer Situation zu berichten und bleiben im Verborgenen oder suchen Hilfe bei anderen Angeboten. Aus unserer Erfahrung ist persönlich kein Fall bekannt, in dem allein durch Handauflegung und Gebet homosexuelle Gefühlsstrukturen überwunden wurden. Aufgrund der Einsicht in die hierin wirkenden Gesetzmäßigkeiten erheben sich auch deutliche Bedenken gegen dieses Heilungsangebot.

Wenn es richtig ist, daß homosexuelle Empfindungen einer Entwicklungsstörung entspringen, dann können sie wohl auch nur durch eine seelische Reifung überwunden werden. Niemand würde doch erwarten, daß unter Handauflegung und Gebet über Nacht aus Kindern erwachsene Persönlichkeiten werden. Dazu sind bewußte Lernvorgänge und psychologische Wachstumsphasen, die Begleitung und ihre Zeit brauchen, unumgänglich.

Damit soll keineswegs die Bedeutung von Umkehr, Gebet und Segnung bestritten werden. Es läßt sich aber auf Grund der Erfahrungen unserer Beratungsarbeit der Eindruck nicht verschweigen, daß gelegentlich zur Heilung die falschen Mittel angewendet werden. So wie bei der Erziehung der Kinder bewährte pädagogische Kenntnisse nicht schaden können (denn die Heilige Schrift ist kein Pädagogiklehrbuch), so können bewährte psychologische Kenntnisse auch in der Seelsorge an Menschen mit seelischen Störungen von großer Hilfe sein.

Dies ist kein Mißtrauensvotum gegenüber Gottes Geist, sondern ein legitimer Gebrauch der paulinischen Anweisung, alles zu prüfen und das Gute zu behalten (1 Thess 5,21). Gelegentlich erscheint die Hoffnung auf das spontane Wirken des Heiligen Geistes wie ein Versuch, die Verantwortung, die dem Menschen selbst zukommt, an Gott abzugeben. Man erwartet dann von Gott, in dem Menschen das zu tun, was er dem Menschen in seinem Wort selbst zu tun aufgetragen hat.

Entsprechend können auch viele Gebetsinhalte eine Flucht vor der eigenen Verantwortung sein. Ohne sich dessen bewußt zu werden, können Betroffene den Heiligen Geist anrufen und bitten, daß er in ihnen das tun möge, was Gott von ihnen selbst erwartet. Unausgesprochen und unbewußt wird die Schuld für das eigene Versagen auf Gott abgeschoben. Insofern kann diese Haltung auch verstanden werden als ein Akt des Ungehorsams, der geistlichen Trägheit, des Selbstbetruges. Die Weisungen des Evangeliums sind uns dazu gegeben, daß wir sie befolgen sollen.

Die andere Extremposition im Blick auf die psychotherapeutischen Angebote ist eine bedenkenlose Übernahme aller neuen Erkenntnisse der Psychologie. In immer neuen Wellen kommen psychologische Modelle und Systeme auf den unterdessen weitverzweigten Psychomarkt und finden Gehör bei hilfesuchenden Menschen wie bei hilflosen Seelsorgern. Der Skeptizismus der historisch-kritischen Theologie hat bei vielen Pfarrern das Vertrauen auf die Angebote des Evangeliums schwinden lassen und sie empfänglich gemacht für die Angebote moderner Heilslehren.

Die Gefahr solcher Haltungen ist offenkundig. Oft genug wird das Evangelium auf dem Hintergrund der neuen Botschaften selektiv interpretiert. Ein geradezu klassisches Beispiel ist die Wirkungsgeschichte der Klinischen Seelsorgebewegung. Im wesentlichen ausgehend von dem nicht-direktiven Beratungsmodell Carl R. Rogers ist eine Seelsorgemethode entwickelt worden, die bis heute viele Mitarbeiter in kirchlichen Einrichtungen praktizieren. Die Rogerianischen Schulen sind im säkularen Bereich längst von anderen Angeboten abgelöst worden.

Das eigentliche Problem zwischen christlicher Seelsorge und Psychotherapie bilden das jeweils zugrunde liegende Menschenbild und die daraus resultierenden Maßstäbe zur Beurteilung des Handelns. Während die Psychologie unabhängig von einem verbindlichen Menschenbild psychologische Zusammenhänge möglichst objektiv und wertfrei darzustellen versucht, geht die Seelsorge von der Geschöpflichkeit und Gottebenbildlichkeit des Menschen aus, der in der bleibenden Verantwortung vor Gott lebt. Die ethischen Maßstäbe werden entscheidend von den Aussagen der biblischen Botschaft bestimmt. Demgegenüber versucht die Psychologie

(Lehre von den Gesetzmäßigkeiten der Seele), wertneutrale Aussagen über die Wirkungsmechanismen der Seele zu machen. Getreu dem humanistischen Grundsatz („Der Mensch ist das Maß aller Dinge") werden Statistiken und Populationsvergleiche zur Interpretation der Ergebnisse herangezogen. Nicht berücksichtigt wird dabei, daß das statistische Mehrheitsverhalten ein untauglicher Maßstab für die Definition ethischer Maßstäbe ist.

Da die Psychologie als empirische Wissenschaft auf ein verbindliches Wertsystem verzichtet, arbeitet jeder Psychologe auf der Grundlage seiner eigenen philosophischen Sicht und mit einem bestimmten erkenntnisleitenden Interesse. Aus einem Kernbestand an allgemein anerkannten verifizierbaren psychologischen Tatbeständen entwickelten sich vielfältige „psychologische Schulen" mit jeweils eigenem Ansatz, eigenen therapeutischen Methoden und eigenen Zielen. Der Verzicht auf einen verbindlichen Wertmaßstab macht das Feld der Psychologie und Psychotherapie anfällig für ideologische und weltanschauliche Interpretationen. Eine für den Laien verwirrende Vielfalt an therapeutischen Zielvorstellungen und Methoden ist das Ergebnis.

Der nahezu ungebrochenen Hochschätzung der Psychologie in weiten Kreisen der Bevölkerung steht auf der anderen Seite eine Erfahrung der Verunsicherung gegenüber, die viele in den letzten Jahrzehnten gemacht haben. Manche der als modern gepriesenen „wissenschaftlichen Erkenntnisse", vor allem im Bereich von Psychologie und Pädagogik, die mit viel Medienaufwand die breite Öffentlichkeit über Jahre hinweg beschäftigt und geprägt haben, sind inzwischen kommentarlos untergegangen oder immer wieder, der jeweiligen Interessenlage gemäß, uminterpretiert worden. Erinnert sei hier an die Dogmen der Antiautoritären Erziehung oder der Sexuellen Revolution.

Die für den Laien höchst unklare Gemengelage der psychologischen Schulen und therapeutischen Praktiken, die pathetischen Superlative „moderner Wissenschaftlichkeit" und das schamhafte Schweigen über die z.T. verheerenden Folgen vieler Konzeptionen machen zu Recht viele verantwortliche Seelsorger skeptisch und erfüllen viele Christen mit Mißtrauen. Es gibt keine Psychotherapie, die das Siegel der Unfehlbarkeit trägt. Es gibt kein verläßliches Gütesiegel etwa analog der „Stiftung Warentest", das die Flut der Heils- und Heilungsangebote sondieren könnte. Es gibt für Chriten nur den mühsamen Weg der Prüfung der jeweiligen analytischen und therapeutischen Methoden und Angebote im Licht des Evangeliums. Auf dem Hintergrund der biblischen Botschaft werden für Christen der philosophische und erkenntnistheoretische Hintergrund der jeweiligen psychologischen Schule erkennbar und auch zu beurteilen sein.

Trotz aller kritischen Anmerkungen zur Entwicklung der Psychologie kann christliche Seelsorge langfristig im Blick auf die Begleitung von Menschen mit psychischen Problemen nicht auf vernünftige psychotherapeutische Hilfen verzichten. Um nicht den einzelnen Seelsorger zu überfordern und hilfesuchende Menschen der Verführung von Abenteurern zu überlassen, ist es nötig, im Rahmen der Seelsorgeausbildung klare und verifizierbare psychologische Einsichten zu vermitteln, die gegenwärtige Szene psychologischer Angebote aus theologisch-philosophischer Sicht zu beleuchten und die Psychologiegeschichte kritisch darzustellen.

Nachprüfbare und objektive psychologische Aussagen sind möglich und für die Analyse innerseelischer Probleme unverzichtbar. Aus diesen Einsichten können therapeutische Hilfen abgeleitet werden, die dem Ziel seelsorgerlichen Bemühens dienen. Wenn der Mensch Geschöpf Gottes ist, können klare psychologische Einsichten und biblische Wahrheiten einander nicht widersprechen! Jesus Christus ist und bleibt der Maßstab christlicher Seelsorge, er ist Weg, Wahrheit und Leben. Das überzeugendste Prüfungskriterium sind die „Früchte", an denen wir den Geist erkennen können. Auch psychologische und psychotherapeutische Hilfen werden dem Maßstab der sichtbaren guten Frucht zu entsprechen haben, wenn sie seelsorgerliche Arbeit ergänzen sollen.[6]

Grundsätzliche Widersprüche und unüberwindliche Spannungen zwischen theologischer und psychotherapeutischer Wahrheit in der Seelsorge muß es nicht geben. Wo sie auftreten, handelt es sich in der Regel um unangemessene Ideologisierungen des einen oder anderen Erkenntnisfeldes.

---

[6] Die analytischen Einsichten und therapeutischen Ergebnisse des niederländischen Psychotherapeuten Prof. Dr. Gerard van den Aardweg bestätigen dies in eindrucksvoller Weise. In diesem Zusammenhang möchten wir außerdem hinweisen auf die für uns wichtigen Gedanken und Methoden von Victor Frankl, Alfred Adler und Johann Arndt.

In der Seelsorge an homosexuellen Menschen muß der Seelsorger über hinreichende und solide psychotherapeutische Kenntnisse verfügen. Es ist legitim, die vorhandenen psychotherapeutischen Hilfen in Analyse und Therapie zu konsequenter Beratung zu nutzen. Sie werden letztlich nicht – wie vielfach befürchtet – zu einer grundsätzlichen Infragestellung der Weltsicht des christlichen Glaubens führen, sondern bestenfalls zu größerer Klarheit und einem wacheren Bewußtsein im Blick auf destruktive und heilsame Strukturen menschlicher Entwicklung. Diese Vertiefung der Erkenntnis lenkt nicht vom Eigentlichen der Seelsorge ab, sondern bringt uns der durch den Glauben erkannten Wahrheit näher, daß in Christus alle Schätze der Weisheit und der Erkenntnis verborgen liegen. Es ist eine unbestreitbare und immer wieder mit Staunen zu beobachtende Tatsache, daß eine klare psychologische Erkenntnis ihrer seelischen Probleme Menschen hilft, sich der Wahrheit des Evangeliums zu öffnen und zu einem persönlichen Glauben zu finden, weil ihnen die heilsamen Strukturen der Schöpfungsordnung Gottes deutlich werden.

14.3 Gefahren in der Seelsorge an homosexuellen Menschen

Mangelhafte Kenntnis der sachlichen Zusammenhänge gehört zu den großen Gefahren in der Begleitung homosexueller Menschen. Ohne sachkundige Einsicht in die homosexuelle Gefühlsstruktur ist der Seelsorger auf schlecht begründete Theorien und eigene Deutungsversuche zurückgeworfen und versucht, diese weiterzugeben, um die quälenden Fragen zu beantworten.

Das kann im Einzelfall zu einer tiefgreifenden Resignation führen, in der Betroffene die Hoffnung auf eine Veränderung aufgeben. Homosexuelle Menschen spüren sehr schnell, ob der Seelsorger ihr Problem versteht oder nicht. Nur dort, wo sie sich verstanden fühlen, die Entstehung der negativen Struktur in ihrer Biographie erkennen können und ihnen die Schritte gegen die infantilen Klagen einsichtig werden, werden sie persönlich aktiv mitarbeiten können.

Eine unverzichtbare Voraussetzung für eine hilfreiche seelsorgerliche Begleitung homosexueller Menschen ist die persönliche Überzeugung des Seelsorgers, daß eine Befreiung aus homosexuellen Gefühlsstrukturen tatsächlich möglich ist. Diese persönliche Gewißheit des Seelsorgers ist sehr wesentlich, um dem hilfesuchenden Menschen in seinem (auf Grund seiner ganz anderen emotionalen Wirklichkeit) verständlichen Zweifel eine glaubwürdige Perspektive geben zu können. Eine derart grundlegende Veränderung kann man niemandem einreden. Der hilfesuchende Mensch aber lebt auf seinem langen und harten Weg des Kampfes gegen die Klagemechanismen auch von der Hoffnung, die er aus der Gewißheit des Seelsorgers gewinnt. Die beste Gewißheit vermittelt die persönliche Erfahrung, daß Menschen durch konsequentes Verhalten von der Homosexualität zu einer beständigen heterosexuellen Empfindungsfähigkeit gefunden haben.

Die Seelsorge an homosexuellen Menschen bedarf klarer und konsequenter Hilfestellungen zu praktischen Reaktionen auf die infantilen Klagen. Weil dies ein langer Prozeß ist, braucht der Seelsorger viel Geduld und einen langen Atem. Kurzfristige Lösungen gibt es in diesem Fall aller Erfahrung nach nicht.

Viele Seelsorger haben keine Zeit. Sie werden deshalb kaum eine Chance haben, die komplexen Zusammenhänge zu vermitteln. Unklarheit ist auf die Dauer für den hilfesuchenden Menschen hoffnungraubend und kostet den Seelsorger langfristig mehr Zeit, als er durch eine hinreichende Information und Anleitung investiert hätte.[7] Die seelsorgerliche Begleitung von homosexuellen Menschen braucht die zielgerichtete Kontinuität.

Eine große Schwierigkeit für die seelsorgerliche Beratung ist die verbreitete Unsicherheit in bezug auf gültige Normen. So richtig es ist, daß jeder Mensch nur einen individuellen Ausschnitt der ganzen objektiven Wahrheit kennt, so richtig ist es auch, daß die Wahrheit nicht deshalb zur Disposition gestellt werden kann, weil sie nur in Teilen erkannt werden kann. In Ermangelung einer verbind-

---

[7] Wir bieten deshalb als Einstieg in die eigene Arbeit des Betroffenen an der Überwindung der zwanghaften negativen Gefühle ein intensives Einführungsseminar an. Auf dem Hintergrund der dort vermittelten Einsichten in die Zusammenhänge des „inneren Kindes", die relevanten Aussagen der Heiligen Schrift und die praktischen Möglichkeiten, gegen das Negative vorzugehen, ist vielen Teilnehmern der persönliche Weg wesentlich erleichtert und sind eventuell notwendige Konsultationen sehr effektiv.

lichen Lebensgrundlage urteilt der Subjektivismus häufig unverbindlich.

Das Evangelium ist verbindlich und verträgt keine subjektivistische Interpretation. Es ist für Christen die entscheidende Grundlage und der letzte Maßstab zur Erkenntnis der Wahrheit. Dies gilt auch für die Seelsorge an homosexuellen Menschen. Der Seelsorger hat nicht seine Sicht vom Leben oder seine Meinung vom Evangelium zu verkündigen, er steht im Dienst Christi (2 Kor 4,5). Dessen Worte sind Worte, die zur Erkenntnis der Wahrheit, zu heilsamen Ordnungen des Lebens und zu befreiter Lebensgestaltung führen. Wenn wir uns von dieser Position wegbewegen und uns selbst zum alleinigen Maßstab der Erkenntnis machen, verführen wir die Menschen und verlieren jede Vollmacht.

Der hilfesuchende homosexuelle Mensch braucht ein klares Ziel und verläßliche Orientierungen. Diese können ihm aus Gottes Wort und verbindlicher Erkenntnis der Wahrheit erwachsen.

Die Seelsorge an homosexuellen Menschen ähnelt der Situation des Mose (5 Mose 30,14ff; vgl. auch Jer 21,8), der dem Volk Israel die Ordnungen Gottes vorlegt, damit es das Leben wählt. Auch der Seelsorger hat Alternativen aufzuzeigen, die Wege, die aus der homosexuellen Gefühlsstruktur herausführen und die Wege, die die negative Struktur weiter vertiefen und fixieren. Der hilfesuchende Mensch hat selbst zu wählen, welchen Weg er geht, denn ohne sein eigenes Engagement ist alles Bemühen von außen ohne Verheißung.

Was der Seelsorger unbedingt vermeiden muß, sind Sentimentalität und falsches Mitleid. Sentimentalität, in der Regel ein Zeichen eigener Klageneigung, verhindert den klaren Blick für die tatsächlichen Verhältnisse ebenso wie ein konsequentes und konstruktives Handeln gegen negative Gefühlszwänge. Die sentimentale Neigung, sich mit den Problemen des anderen zu identifizieren, schränkt die Fähigkeit zur wirklichen Hilfe entscheidend ein. Ein Chirurg, der im Angesicht der Krankheit den klaren Kopf verliert und sich mitleidend und mitklagend in das Elend seines Patienten vertieft, ist zur Operation unfähig.

Manche Seelsorger verwechseln echtes Engagement mit emotionalem Mitleid. Sie lassen sich in die Klagestrukturen und die Klagephilosophie der Hilfesuchenden hineinziehen. Indem sie die Sicht der Betroffenen von der Welt und ihren speziellen Lebensumständen teilen, sind sie ebenso unfähig zur unabhängigen und objektiven Einschätzung wie zur echten Hilfe.

Ein Seelsorger muß festen Grund unter den Füßen behalten, sich an den objektiven Gesetzmäßigkeiten von Analyse und Therapie orientieren und konsequente Schritte aus der schwierigen Situation heraus vorschlagen. Dazu braucht er wirkliche Solidarität mit dem Leidenden, viel Geduld und einen klaren Kopf.

Auch der Befund des Neuen Testaments ist in dieser Sache eindeutig. Die Nachfolge Jesu ist nicht nur ein erholsamer Spaziergang, sondern Kreuzesnachfolge, der ein Stück Selbstverleugnung bedeuten kann (Mt 16,24-26; 10,38f); sie ist der schmale Weg, den nur wenige gehen (Mt 7,13f). Jesus sieht die Wurzel unserer Probleme nicht in einem über uns verhängten Schicksal oder in den Auswirkungen einer finsteren Macht, sondern in unserem Herzen (Mt 15,18f). Diese Sicht teilen auch die apostolischen Zeugen, allen voran Paulus. Eine sehr ernüchternde Beschreibung finden wir im Ersten Timotheusbrief (6,3-14). Im Angesicht dieser deprimierenden Aufzählung schlägt Paulus nicht die Kapitulation und Flucht in die Selbstrechtfertigung vor, sondern fordert zum „guten Kampf des Glaubens" auf. Der besteht darin, dem Negativen zu entfliehen, sich davon abzuwenden, und dem Guten nachzujagen. Um nicht erfolglos zu kämpfen, muß man sich an die jeweils entsprechenden Regeln des Kampfes halten (2 Tim 2,5). Diese können sehr wohl darin bestehen, gegen die eigenen Fehler und Fehlhaltungen mit Leidenschaft und Konsequenz vorzugehen (1 Kor 9,26f). In der Nachfolge Jesu wird uns ein ganzes Stück Härte gegen uns selbst zugemutet. Entsprechend klar und deutlich ist die Aufgabe des Seelsorgers (1 Thes 2,12f; u.a.). Wer einem im Moor versinkenden Menschen helfen will, darf nicht mit hineinspringen, sondern muß auf festem Boden bleiben. Wer Menschen aus seelischen Zwängen helfen will, der braucht ein festes Fundament und viel Mut und Standfestigkeit zur zielgerichteten Beratung.

Und nicht zuletzt liegt eine große Gefährdung der Seelsorge in einem Mangel an Demut, in der Unfähigkeit, seine eigenen Grenzen zu akzeptieren. Zumeist aus dem Willen zu helfen heraus, aber oft auch aus der Selbstüberschätzung, auf alle Fragen eine Antwort haben zu müssen, fällt es Seelsorgern schwer, ihre Grenzen zuzugeben. Es ist kein Makel, wenn wir Begrenztheiten im Wissen zugeben. Im Gegenteil, der, der seine Ratlosigkeit eingestehen kann, wird auch in dem Rat, den er geben kann, ernster genommen werden.

In der Begleitung von Menschen mit seelischen Problemen geraten wir oft an die Grenzen unseres Wissens. Hier gilt es, nüchtern zu bleiben, nach Möglichkeit weiter zu lernen und, wenn es nötig ist, auch den Rat erfahrenerer Berater einzuholen. Die Erfahrung der eigenen Begrenztheit ist auch für den Seelsorger ein Übungsfeld der Demut; zugleich erwächst daraus ein bleibender Auftrag, das zu tun, was auf Grund von Erkenntnis und Begabung getan werden kann. Die eigenen Grenzen zu akzeptieren befreit zudem von der oft selbst auferlegten Last, alles wissen und können zu müssen.

VIERTER TEIL

ZUR KIRCHLICHEN DISKUSSION

15. Die kirchliche Diskussion zum Thema Homosexualität

15.1 Auszüge aus Dokumenten der Debatte

Die folgenden Textauszüge dokumentieren unterschiedliche Positionen in der Diskussion der Evangelischen Landeskirche der Kirchenprovinz Sachsen (KPS) um die Frage der Homosexualität.[8] Sie können jedoch als repräsentativ gelten für den Prozeß der Meinungsbildung auch in anderen Landeskirchen.

15.1.1 Auszüge aus der Studie der Theologischen Studienabteilung beim Bund der Ev. Kirchen in der DDR „Homosexuelle in der Kirche" (Punge-Papier), Mai 1984; S. 40ff

1. Aus dem, was die Mehrzahl der Exegeten heute zu den Bibelstellen sagt, in denen homosexuelle Handlungen verboten und verurteilt werden, wird ein religiöser und soziokultureller Hintergrund erkennbar, der weit von dem unseren entfernt ist. Der gravierendste Unterschied besteht darin, daß homosexuelles Verhalten in der Bibel religiös-moralisch, als „Laster der Heiden", problematisch durch die Verbindung

---

[8] Aktueller Anlaß für eine Klärung bestand in der Sächsischen Landeskirche zum einen durch die zunehmende Artikulation homosexueller Menschen in innerkirchlichen Gruppen, zum anderen durch die Bewerbung des homosexuellen Theologiestudenten Eduard Stapel für die Aufnahme ins Vikariat. Im November 1982 wird eine entsprechende Studie in Auftrag gegeben.

mit Fremdkulturen, gesehen wird, nicht aber als personale Beziehung zweier gleichgeschlechtlich Liebender.

Derjenige, der gewohnt und geübt ist, biblische Texte aus ihrem historischen Kontext zu verstehen und auszulegen, sieht sich nicht in der Lage, den geschichtlichen Abstand zu überspringen und die einschlägigen Texte unmittelbar als sexualethische Anweisungen in unsere Gegenwart zu übertragen...

2. In der theologischen Ethik der Gegenwart besteht weithin Einmütigkeit über die notwendige „Rückbindung aller konkret sittlichen Normierungen und ethischen Zielforderungen an das naturale Regelfeld." Das bedeutet im vorliegenden Fall, daß die ethische Urteilsbildung nicht an den Ergebnissen der neueren Sexualwissenschaft vorbei erfolgen kann. Von besonderem Gewicht sind dabei vier Punkte:

2.1 Homosexualität ist nicht eine Sache der freien Entscheidung des Individuums, sondern eine frühzeitig festgelegte, vom Willen unabhängige Ausprägung seiner Sexualität. Wenn aber ein Mensch dafür nicht verantwortlich gemacht werden kann, dann gibt es keine Berechtigung, Homosexualität als unmoralisches oder kriminelles, als schuldhaftes oder sündhaftes Verhalten zu bezeichnen, von dem abzulassen ist.

2.2 Die gleichgeschlechtliche Orientierung ist nicht rückgängig zu machen, weder durch Willensanstrengung noch durch Glaubensgehorsam noch durch therapeutische Maßnahmen, über deren Risiken, ethische Fragwürdigkeiten und geringe Erfolgschancen sich die Fachleute ziemlich einig sind. So erscheint es wenig sinnvoll, die „Umkehr" zu heterosexueller „Normalität" zu fordern und gleichsam zur Einlaßbedingung in die Gemeinde zu machen.

2.3 Es gibt keine Verführung zur Homosexualität in dem Sinn, daß ein ursprünglich heterosexuell orientierter Mensch dadurch auf Dauer zu einer homosexuellen Lebenspraxis gebracht würde. Homosexualität breitet sich nicht aus wie eine ansteckende Krankheit, weder durch Verführung noch durch Vorbildwirkung. Ihr Auftreten ist vielmehr so etwas wie eine „biologische Konstante" (S. Schnabl). Es gibt also keinen Grund, Homosexualität als eine Gefahr für das Gemeinwesen anzusehen, die es durch entsprechende Maßnahmen (Therapien, Verbote, Auflagen, Berufseinschränkungen oder die Erschwerung des Zusammenwohnens) zu beseitigen oder wenigstens einzudämmen gilt.

2.4 Homosexualität ist keine Krankheit, keine Perversion, keine Störung und keine Behinderung, denn sie bedeutet keine Beeinträchtigung menschlicher Entfaltungsmöglichkeiten. Das beweisen nicht nur die bedeutenden Leistungen von Homosexuellen in Wissenschaft und Kultur, die oft aufgezählt werden. Homosexuelle Frauen und Männer, denen eine „zweite Sozialisation" (R. Pingel) gelungen ist, erleben Zuneigung und Zärtlichkeit, Liebe und sexuelle Beziehungen mit einem gleichgeschlechtlichen Partner als etwas Beglückendes und vor allem „Normales" und „Natürliches", wie die Mehrheit der Menschen mit einem Partner des anderen Geschlechts – und sie könnten dies in noch viel höherem Maß, wenn sie nicht ständig von der heterosexuell geprägten Umwelt in ihren Lebens- und Liebesmöglichkeiten gestört und behindert würden. Es besteht daher keine Notwendigkeit, Homosexuelle von ihrer sexuellen Orientierung heilen oder befreien zu wollen.

3. Wenn es kein Recht und keine Möglichkeit, keinen Grund und keine Notwendigkeit gibt, Homosexuelle zum Verhalten der heterosexuellen Mehrheit zurückzuführen, dann ist bei der ethischen Beurteilung von der Tatsache auszugehen, daß es Menschen gibt, die homosexuell sind, die Liebe und sexuelle Erfüllung bei einem Angehörigen des eigenen Geschlechts suchen und – in einer geglückten Beziehung – auch finden. Theologisch gesprochen: Ihre Homosexualität gehört zu ihrem Geschöpfsein. Die Menschen sind geschaffen mit unterschiedlichen erotischen, sexuellen Fähigkeiten und Möglichkeiten: als Frauen und Männer, als Heterosexuelle und – in einer Minderheit, die es zu allen Zeiten und in allen Kulturen gegeben hat und gibt – als Homosexuelle. Die Sexualität aber hat im Leben eines Menschen eine grundlegende Bedeutung für sein Personsein, für Ichwerdung und Sinnfindung. Dann ist es nicht nur unmöglich und unnötig, sondern gefährlich und falsch, Homosexuelle Normen zu unterwerfen, die ihrer geschöpflichen Eigenart, ihrer „Natur" nicht gemäß sind. Abgesehen davon, daß erfahrungsgemäß viele von ihnen auf diesem Weg in eine Doppelexistenz, in den Zwang zu Verstellung und Heuchelei, in noch größere Schuldgefühle und Verzweiflung getrieben werden, ist mit H. Frör, einem Mitarbeiter der Telefonseelsorge in München, zu fragen, ob darin nicht eine Mißachtung der vielfältigen Gaben der Schöpfung Gottes liegt: „Ich möchte ... auch darin mit dem homosexuellen Christen neben mir verbunden sein, daß wir beide zusammen einstimmen können in das Lob Gottes: ‚Ich danke dir dafür, daß ich wunderbar gemacht

bin; wunderbar sind deineWerke!' (Ps 139,14)". Er geht so weit, an diesem Punkt den Begriff der Sünde einzuführen: „Wir versündigen uns an den Geschöpfen Gottes, wenn wir den Homosexuellen nahelegen, ihrer Geschöpflichkeit nicht zu entsprechen oder sie ‚wenigstens' verborgen zu halten."

4. Homosexuelle und Heterosexuelle stehen in der Gefahr, in einer Beziehung den Partner zu verfehlen, indem sie ihn nicht ernstnehmen oder idealisieren, unterwerfen und benutzen, verraten und zerstören. Hier ist der Ort, an dem sich die ethischen Fragen stellen, an dem Begriffe wieVerfehlung undVersagen, Schuld und Sünde ins Spiel zu bringen sind, gemessen an der grundlegenden Norm christlicher Lebensgestaltung: der Liebe. Freilich nicht so, als ob Homosexuelle und Heterosexuelle in unterschiedlicher Weise betroffen, Homosexuelle von vornherein oder in höherem Maß der Sünde ausgeliefert wären. Vielmehr sind die gleichen Kriterien, nach denen heterosexuelle Partnerschaft wie zwischenmenschliche Beziehungen überhaupt von der Liebe her zu beurteilen sind, anzuwenden: Wie verantwortlich, aufrichtig und die Würde des anderen wahrend wird eine Beziehung gestaltet? Wird das Gegenüber zum bloßen Objekt der eigenen Interessen gemacht oder in seiner Eigenständigkeit respektiert? Wird der Partner nicht nur in seiner Attraktivität, sondern auch mit seinen Schwächen und Schwierigkeiten akzeptiert? Ist die Beziehung auch in Krisen und Leidenssituationen tragfähig? Das bedeutet – auf eine Formel gebracht: Nicht die Richtung der Liebe und der Sexualität – auf das eigene oder das andere Geschlecht hin – ist für die ethische Beurteilung ausschlaggebend, sondern die Qualität der Beziehung ...[9]

---

[9] Diese Studie stieß auf deutliche Kritik. „Die Studie von Dr. Punge verzichtet bewußt auf eine breite und ausgewogenen Information und bezieht selbst Stellung, indem sie sich eine der theologischen Positionen, die heute zur Diskussion stehen, zu eigen macht."
Pfarrer Christoph Richter, Mitglied der KL Sachsens, äußert sich folgendermaßen: „Mit dieser Selbsteinschätzung der Studie ... verliert sie leider von vornherein ihren objektiven Wert. Natürlich kann von einem Theologen eine eigene Position erwartet werden. Aber diese war von der sächsischen Kirchenleitung nicht in Auftrag gegeben worden. Die persönliche Position des Verfassers drückt der gesamten Studie bereits im methodischen Verfahren (es wird im Ganzen selektiv zitiert und tendenziös argumentiert) einen derart subjektiven Stempel auf, daß sie am Ende zu einer Darstellung der anzunehmenden Ideologie der homosexuellen Emanzipationsbewegung wird, deren Argumente in einer Fülle von Publikationen ... nachlesbar sind..."

15.1.2 Stellungnahme der Bruderschaft „Missionarischer Dienst Südharz" (MDS)

Missionarischer Dienst Südharz
Nordhausen-Salza 29.06.1984

An die
Kirchenleitung der Ev. Kirche
der Kirchenprovinz Sachsen
3010 Magdeburg
Am Dom 2

Betr.: Stellungnahme zu „Homosexualität und Kirche"
Die Debatte um das Thema der Homosexualität macht uns in zweierlei Hinsicht betroffen.

Zunächst müssen wir bekennen, daß wir die Probleme homosexueller Mitmenschen nicht genug gesehen, verkannt oder sogar die weitverbreiteten Vorurteile Homosexuellen gegenüber geteilt haben. Im Bewußtwerden der Nöte wachsen uns seelsorgerliche Aufgaben zu, denen wir uns neu stellen müssen.

Andererseits sehen wir mit großer Sorge einen Trend in unserer Kirche, gelebte und propagierte Homosexualität zu tolerieren oder sogar zu legalisieren, dem wir widerstehen. Kirche Jesu Christi muß der Heiligen Schrift gegenüber gehorsam bleiben und werden, will sie ihre Identität als Leib Christi nicht schuldhaft aufgeben oder verlieren. Im Zeugnis der Heiligen Schrift wird Homosexualität einhellig verworfen. Homosexualität, auch irreversible, ist Verkehrung der schöpfungsmäßigen Sexualität, ist Wirkung des Zornes Gottes und steht unter demselben (Röm 1,18ff). Alle Versuche, das eindeutige Zeugnis der Schrift zu relativieren, vollziehen wir nicht mit.

Humanwissenschaftliche Erklärungen lassen uns zwar die vielschichtige Problemlage der Homosexuellen besser erkennen, sind aber kein Grund, homosexuellem Verhalten in der Kirche Raum zuzuerkennen. Wir finden in der Bibel helfende Antworten Homosexuellen gegenüber: In der Kraft des Heiligen Geistes ist ein Verzicht auf sexuelle Verwirklichung möglich (2 Tim 1,7) bis hin zu einer Begabung zum zölibatären Leben (Mt 19,12; 1 Kor 7,7). Aus 1 Kor 6,9-11 entnehmen wir, daß es auch für Homosexuelle Befreiung gibt.

Die Bewegung, homosexuelles Verhalten in der Kirche zu legalisieren und zu praktizieren, fordert Kirchenleitung und Synode heraus, schriftgemäß zu reagieren und Homosexuelle, die homosexuell leben oder leben wollen, nicht zu ordinieren, sonst fällt unsere Kirche aus dem Gehorsam Gottes, verleugnet die Kraft des Evangeliums und zerstört die Gemeinschaft der Kirchen.

Darum sehen wir uns genötigt, zu sagen: In der Bindung an die Heilige Schrift und unsere Ordination könnten wir eine Legalisierung der Homosexualität in der Kirche nicht mittragen.

Für den Missionarischen Dienst Südharz

(gez. Unterschriften)

15.1.3 Eingabe des Gemeinschaftsverbandes Sachsen-Anhalt an die Synode der Kirchenprovinz Sachsen (KPS) am 27./28.10.1984

„Betr.: Stellungnahme zur Homosexualität bzw. zur Sache „Homosexuelle in der Kirche"

In den letzten Jahren rücken zunehmend Menschen mit homosexueller Veranlagung in das Blickfeld der Öffentlichkeit und der Kirche. Kirchenleitungen und Synoden sind zur Stellungnahme herausgefordert. Die Leitung des Gemeinschaftsverbandes verfolgt die Entwicklung mit innerer Anteilnahme. In der Arbeit der Landeskirchlichen Gemeinschaft wurden wir ganz selten mit dieser Sache konfrontiert und hatten diese Menschen kaum im Blick.

Wir bekennen, daß in unseren Kreisen eine starke Abneigung gegen die Homosexualität besteht, die sich auch in der Abweisung der homosexuellen Betroffenen auswirken kann. Das ist liebloses und schuldhaftes Verhalten. Uns ist neu bewußt geworden, daß Gottes Liebe und Gnade allen Menschen gilt und darum Homosexuelle aus dem Leben und Dienst der Gemeinschaft nicht ausgeklammert werden dürfen. Sie brauchen, wie wir alle, das Evangelium als rettende und befreiende Kraft (Röm 1,16-17).

Nun entnehmen wir aus schriftlichen und mündlichen Äußerungen von Vertretern der Ev. Kirche, daß eine Tendenz dahin geht, daß Homosexualität ebenso wie Heterosexualität eine natürliche und göttliche Gabe sei und beide geschlechtliche Veranlagungen gleichzusetzen seien. Biologische, medizinische und theologische Untersuchungen ließen diese Schlußfolgerung zu. Die Not der Homosexuellen bestehe nicht in ihrem andersartigen sexuellen Empfinden, sondern in ihrer Diskriminierung gegenüber Heterosexuellen. Die Hilfe müsse also in die Richtung gehen, daß Homosexuelle als solche öffentlich anerkannt werden und die Möglichkeit zu einem geordneten Leben mit einem gleichgeschlechtlichen Partner erhielten. Auch müssen ihnen Wege in kirchliche Ämter und Dienste einschließlich der Ordination offenstehen.

Diese Sicht können wir in der Landeskirchlichen Gemeinschaft nicht teilen und die sich daraus ergebenden möglichen Folgerungen nicht mit vollziehen. Grundlage unserer Beurteilung der Homosexualität sind die eindeutigen Aussagen des Wortes Gottes, der Bibel. Sie kennt von Gott gewollte, geschaffene und geordnete Sexualität nur zwischen Mann und Frau bzw. in der Ehe. Der Mensch als Gottes Ebenbild ist geschaffen als Mann und Frau, also zweigeschlechtlich (1 Mo 1,27f und V.24). Alle anderen sexuellen Beziehungen sind widergöttlich und widernatürlich. Die Bibel spricht sowohl im AT wie im NT davon, daß es Homosexualität gibt und daß sie praktiziert wird, aber an keiner Stelle – weder in den Schöpfungszeugnissen noch im Mosaischen Gesetz noch im Evangelium von Jesus Christus bzw. in den ethischen Aussagen des NT – wird sie als von Gott gewollt, gegeben oder geduldet dargestellt. Homosexualität ist nach der Aussage im Römerbrief 1,18-32 wie viele andere Verhaltensweisen des Menschen eine Folge der Sünde, der Abwendung des Menschen von Gott. Sie wird nirgends für sich behandelt, sondern immer im Rahmen sogenannter Lasterkataloge. Sie ist also nicht verwerflicher, aber auch nicht harmloser als die anderen genannten Lebensäußerungen des gefallenen Menschen. Die Hilfe, die im Evangelium für die Sünde und ihre Folgen und also auch für die Homosexualität angeboten wird, lautet zusammengefaßt: Umkehr (Buße) und Lebensübergabe an Christus, Vergebung der Sünde und die Möglichkeit der Befreiung von gottwidrigen Zwängen. Beispiel: Röm 3,23f; Röm 12,1f; 1 Kor 6,11... sind etliche „gewesen".

Auf Grund unserer Bindung an die Aussagen der Bibel sehen wir die Hilfe für homosexuell veranlagte Menschen darin, daß sie, wie wir alle uns als Sünder erkennen, Vergebung von gottwidrigen Praktiken und Befreiung von gottwidrigen Veranlagungen begehren und empfangen. Homosexuelle dürfen vom Evangelium her nicht diskriminiert oder verurteilt werden, sondern ihnen gilt Gottes Liebe und Zuwendung. Die Homosexualität als Veranlagung und Praxis ist als Sünde oder Folge des Sündenfalls der Menschheit, nicht des Einzelnen, anzusehen und entsprechend zu behandeln. Wir möchten mit dieser kurzen Darstellung die Haltung der Landeskirchlichen Gemeinschaft, also einer größeren Gruppe von Gliedern der Ev. Kirche der Kirchenprovinz Sachsen zum Ausdruck bringen und bitten, diese Haltung zu respektieren und bei weitergehenden Entscheidungen im Blick auf Homosexuelle in der Kirche zu beachten. Wir können und wollen unser auch in diesem Stück an Gottes Wort gebundenes Gewissen nicht verletzen. gez. March

15.1.4 Auszüge aus dem Abschlußbericht des Arbeitskreises der KL der KPS „Homosexuelle als Mitarbeiter im Verkündigungsdienst der Kirche", vorgelegt auf der Sitzung der KL am 28./29. September 1984

... 5. Gesichtspunkte für Entscheidungen in unserer Kirche

5.1 Was ergibt sich aus den Überlegungen der Arbeitsgruppe?

1) Wenn wir vom biblischen Gesamtzeugnis ausgehen, dann gelangen wir zu dem Schluß: Manifest homosexuelle Neigung und daraus entspringendes homosexuelles Verhalten ist nicht an sich Sünde. Homosexualität steht nicht anders als alle Beziehungen von Menschen zueinander in der Gefahr sündhafter Verkehrung.
2) Irreversible Homosexualität ist nicht eine behandlungsfähige und heilbare Krankheit, sondern – wie auch immer zustande gekommen – eine nicht mehr wirklich korrigierbare Prägung, die einen integralen Bestandteil der Persönlichkeitsstruktur darstellt.
3) Zu keinem einheitlichen, abschließenden Urteil kam die Arbeitsgruppe in der Frage der anthropologischen Einordnung und theologischen Benennung der Homosexualität. Ist Homosexualität als eine mögliche, „natürliche" Ausprägung der Sexualität und also theologisch als eine „Schöpfungsvariante" anzusehen? Oder muß man eher von einer vorgegebenen „Behinderung zur Ehe", zur Beziehung zum anderen Geschlecht sprechen? Oder haben wir ein „Rätsel in der Schöpfung" vor uns, eine „Ausnahme", die schöpfungstheologisch nicht einzuordnen und zu begreifen ist, die wir aber zu respektieren und zu akzeptieren haben? Jede dieser Auffassungen wurde in der Arbeitsgruppe vertreten.

4) Der Arbeitsgruppe ist wichtig, daß in der Kirche daran festgehalten wird, daß die Beziehung von Mann und Frau vom Schöpfer eine besondere Verheißung erhalten hat. Die Verantwortung für die folgenden Generationen kann von Homosexuellen zwar durch Mitwirkung an der pädagogischen Aufgabe wahrgenommen werden. Es ist jedoch nicht bedeutungslos, daß eine unmittelbare Verantwortung für die eigene Nachkommenschaft wegfällt.

5) Ungeachtet dessen kommt die Arbeitsgruppe zu dem Schluß, daß in der Gemeinde der von Christus Angenommenen auch homosexuelle Mitchristen das Recht haben, mit uns ihrer Anlage gemäß verantwortlich zu leben. Deshalb können solche Homosexuellen auch von Funktionen der Kirche nicht grundsätzlich ausgeschlossen werden.

5.2. Was ist für kirchliche Entscheidungen zu beachten?

Die Arbeitsgruppe empfiehlt auf Grund der vorgelegten Arbeitsergebnisse, Möglichkeiten einer Anstellung homosexueller Mitarbeiter – auch homosexueller Pfarrer –, die mit einem Partner zusammen leben wollen, zu eröffnen. Das bedeutet insbesondere, daß ein Antrag von Vikar Stapel auf Zulassung zur Ordination lediglich auf Grund seiner homosexuellen Veranlagung nicht abgewiesen werden sollte. Bei einer Entscheidung gemäß dieser Empfehlung sind folgende damit verbundene Gesichtspunkte zu berücksichtigen:

5.2.1 Das Gespräch über die sachgemäße Antwort auf die Frage der Homosexualität in der Kirche wird weitergehen. Eine kirchliche Entscheidung hat zu beachten, daß die Zahl der Stimmen gewachsen ist, die auf eine Revision der bisherigen kirchlichen Bewertung der Homosexualität auch auf Grund ihrer Glaubenserkenntnis drängen, daß es aber nach wie vor Gemeindeglieder, Mitarbeiter und Gruppen in unserer Kirche gibt, die die Auffassung vertreten, der Gehorsam gegenüber dem Zeugnis der Schrift erfordere es, die Homosexualität vom christlichen Glauben her nicht zu akzeptieren. Bei Abwägen dieser beiden Auffassungen ist zu beachten, daß in zunehmendem Maße Homosexuelle selbst sich am Gespräch beteiligen. Sie bitten darum, daß ihre Sicht der Probleme gehört und ernst genommen wird. Kirchliche Entscheidungen werden in jedem Fall das Leiden dieser Menschen berücksichtigen und dazu beitragen müssen, Diskriminierungen abzubauen.

5.2.2 Eine kirchliche Entscheidung hat die Diskussion in den anderen Kirchen, insbesondere die des Bundes der Ev. Kirchen in der DDR, sich zu vergegenwärtigen, ohne sich davon abhängig zu machen. In unserem Bereich ist es im Unterschied etwa zur Bundesrepublik und zu Holland noch zu keinen umfangreicheren kirchlichen Stellungnahmen gekommen.

In einigen Kirchen besteht die Auffassung, daß noch eine längere Phase der Auseinandersetzung um diese Frage notwendig sei (z.B. Sachsen, Berlin-Brandenburg). Auch der Konsequenzen für Diskussionen und Entscheidungsprozesse in den evangelischen Kirchen in der Bundesrepublik müssen wir uns bewußt sein.

Die Frage, wieweit das Gespräch um die ökumenische Ämteranerkennung durch Entscheidungen über die Möglichkeit der Ordination Homosexueller berührt würde, ist in der Arbeitsgruppe bewußt außer Betracht geblieben.

5.2.3 Eine Entscheidung hat zu berücksichtigen, daß eine Anstellung homosexueller Mitarbeiter die Bereitschaft von Gemeinden zu ihrer Aufnahme voraussetzt. Diese Bereitschaft müßte sehr genau erkundet werden. Hinzu kommt die Aufgabe, homosexuelle Mitarbeiter seelsorgerlich und in praktischer Beratung zu begleiten, insbesondere, wenn sie von Gemeinden abgelehnt werden.

5.2.4 Eine kirchliche Entscheidung müßte die Aufgabenstellung einschließen, Hilfen für eine ethisch verantwortete Lebensgestaltung Homosexueller zu finden. Dabei wird nicht einfach die christliche Eheethik als Leitbild übernommen werden dürfen. Jedoch müßten christliche Grunderkenntnisse über das menschliche Miteinander, die für die Gestaltung der Ehe maßgeblich gewesen ist (Liebe und Treue auf Dauer, auch in Krisen und im Alter), auch homosexuelle Partnerschaften prägen.

Anlage 1

Fragen zur Begleitung von Menschen, die in homosexuellen Beziehungen leben

... Schließlich ist noch eine offene Frage, ob, wo und wie die verbindliche Partnerschaft auf Dauer in Liebe und Treue auch in Krisen und im Alter gelebt werden kann, wie das Hoffnungspostulat in der Arbeits-

prämisse lautet. Hier brauchen wir dringend wenigstens Einzelfälle der Anschauung, die Anhaltspunkte der Hoffnung werden, daß solche gleichgeschlechtliche Partnerschaft in personaler Liebe auch durchtragen kann, wenn sie von keinem Lustgewinn mehr begleitet ist.
– Auf die Dauer langt die Auskunft, in der Zeit der Vorurteile und moralischen Verurteilungen sei es unmöglich gewesen, dauerhafte Beziehungen aufzubauen, nicht mehr. Wenigstens Einzelbeispiele für krisenfeste Liebe auf Dauer, selbst über räumliche Distanz, müßten benennbar sein... Bekannt ist aber keins. Das belastet die Hoffnungs-Argumentation...".

15.1.5 Stellungnahme der Synode der KPS zur Frage der Homosexualität am 27./28. Oktober 1984

Stellungnahme zur Frage der Homosexualität

1. Die Frage, wie Homosexualität vom christlichen Glauben her zu bewerten ist und wie sich die Kirche zu ihren homosexuellen Gliedern stellen soll, beschäftigt heute viele in den Kirchen unseres Landes.
Es waren nicht zuletzt Homosexuelle selbst – Menschen also, deren sexuelle Orientierung auf gleichgeschlechtliche Partner gerichtet ist, und die dieser Orientierung gemäß leben wollen –, die dieses Tabu durchbrachen und für eine Veränderung traditioneller Einstellungen in Gesellschaft und Kirche eintreten, weil sie in diesen Einstellungen unbegründete Vorurteile wirksam sahen.
Zugleich meldeten sich diejenigen deutlich zu Wort, die für ein grundsätzliches Festhalten an der in der Tradition christlicher Ethik vorherrschenden Bewertung votieren.
Auch an Synode und Kirchenleitung sind Stellungnahmen, Diskussionsbeiträge, Wünsche und Warnungen gerichtet worden. Wir haben uns von dem Arbeitsergebnis einer Arbeitsgruppe der Kirchenleitung berichten lassen; sie hat die auf den verschiedenen Ebenen verlaufenden Diskussion verfolgt und dargestellt.

2. So sind wir herausgefordert, selbst Stellung zu nehmen. Insbesondere nötigen uns dazu folgende Sachverhalte:
– Es wird zunehmend deutlicher erkennbar, wie Homosexuelle unter Unverständnis, Vorurteilen und Diskriminierungen ihrer heterosexuellen Umwelt leiden.

– Ein Vikar unserer Kirche, der seine homosexuelle Anlage und seinen Wunsch, dieser Anlage gemäß mit einem Partner zusammenleben zu können, offen zur Sprache gebracht hat, möchte zum Pfarrdienst ordiniert werden.

– In dem Zusammenhang haben auch andere, bereits im kirchlichen Dienst stehende Mitarbeiter sich entschlossen, ihre homosexuelle Anlage nicht länger zu verschweigen.

3. Bei unseren Bemühungen um eine sachgerechte Stellungnahme vergegenwärtigen wir uns, daß die Beurteilung der Homosexualität, die jahrhundertelang im europäisch-christlichen Raum Geltung hatte, und zeitweise eine Kriminalisierung, immer aber Diskriminierung und Verächtlichmachung einschloß, mitbestimmt war durch die Weise, wie biblische Aussagen über homosexuelles Verhalten ausgelegt wurden. Einheitlich und eindeutig wird im Alten und Neuen Testament homosexuelle Praxis verurteilt. Dabei hat die Bibel homosexuelles Verhalten im Blick, daß sich in einem bestimmten religiösen und zivilisatorisch-kulturellen Zusammenhang versteht und rechtfertigt. Mitzubeachten ist das ebenso klare biblische Zeugnis davon, daß Gott den Menschen als Mann und Frau geschaffen hat und daß menschliche Sexualität in diese Beziehung hineingehört (1 Mo 1,27f und 1 Mo 2,24).

4. Wir hören dieses biblische Zeugnis heute in einer veränderten Situation:
– Das Verständnis allgemeingültiger ethischer Normen hat sich – speziell im sexuellen Bereich – gegenüber früheren Zeiten stark verändert. Man beginnt unterschiedliche Verhaltensweisen zu tolerieren, sofern sie keine Verletzung und Schädigung anderer bedeuten. Vor diesem Hintergrund wird heute oft über Homosexualität gesprochen.
– Es liegen heute Arbeitsergebnisse wissenschaftlicher Forschung zu Herkunft und Eigenart homosexuellen Empfindens vor. Zwar ist die Forschung unabgeschlossen, unterschiedliche Hypothesen werden vertreten: Ist eine biologisch-konstitutionelle Vorgabe in frühkindlicher Zeit irreversibel geprägt worden? Ist daraus eine „Behinderung zur Ehe" geworden? Oder handelt es sich um eine seelische Krankheit, die psychotherapeutisch heilbar ist? Weitgehende Übereinstimmung zeigt sich jedoch in der Auffassung, daß es Menschen gibt, die bei sich eine homosexuelle Orientierung als vorgegeben und nicht durch ihren Willen veränderbar erfahren und denen eine heterosexuelle Beziehung nicht möglich erscheint.

5. Diese Sachverhalte sind allerdings noch kein Grund, überkommene christliche Maßstäbe als überholt anzusehen. Vielmehr werden wir dadurch veranlaßt, die Geltung dieser Maßstäbe am biblischen Zeugnis zu prüfen. Dieser Vorgang ist noch nicht abgeschlossen. Wir fragen:

– Können wir alle homosexuell empfindenden Menschen als von den Aussagen in den sogenannten Lasterkatalogen des Neuen Testaments (1 Kor 6,9f; 1 Tim 1,10) betroffen ansehen?

– Ist in Röm 1,24-26 über die homosexuelle Praxis hinaus auch von Homosexualität als Veranlagung die Rede, oder sind hier heterosexuelle Menschen angesprochen, die willentlich in homosexuelle Praxis verfallen sind? Wie immer die Antwort auf diese Fragen lauten, wir werden sie in Beziehung sehen müssen zu den biblischen Weisungen und Verheißungen über die Partnerschaft von Mann und Frau.

6. Wir wissen, daß die homosexuell empfindenden Menschen auf ein Wort warten, daß sie in der Gemeinde ihrer Möglichkeit entsprechend leben dürfen. Das Gespräch, das vor drei Jahren in unserer Kirche begonnen hat, ist aber noch nicht abgeschlossen.

Die Befürworter einer neuen Sicht möchten das Bedenken biblischer Zeugnisse und die humanwissenschaftliche Einordnung verbinden. Die Bestreiter erinnern an die biblischen Zeugnisse als Gebot, stellen die Annahme irreversibler Prägung infrage und glauben, daß von Christus her eine Befreiung von der „Krankheit" Homosexualität möglich ist.

Das Gespräch darüber, was wir unter der Leitung des Geistes Christi als biblisch begründete Weisung heute zu hören haben, muß weitergehen.

7. Dabei sollte beachtet werden:

– Homosexuell empfindende Menschen haben ein Lebensrecht unter uns, das wir durch unser Verhalten respektieren sollen. In der Gemeinde der von Christus Angenommenen (Röm 15,7) sollen auch sie erfahren können, daß sie angenommen und nicht verurteilt werden.

– Auf die Frage, wie für solche Mitchristen der Weg einer vom Evangelium gewiesenen und ermöglichten Lebensgestaltung aussieht, welche Freiheiten es schenkt und welche Opfer es verlangt, sollten im Gespräch zwischen Homosexuellen und Heterosexuellen gemeinsame Antworten gesucht werden. Gemeinsam sollte versucht werden, Weisen der Seelsorge zu finden, die homosexuell Empfindenden angemessen sind, und über eine ethisch verantwortete Lebensgestaltung solcher Menschen nachzudenken. Der Diskussionsstand der Wissenschaft, das biblische Gesamtzeugnis und die existentiellen Erfahrungen Homosexueller sollten in solchen Gesprächen miteinander in Beziehung gesetzt werden.

8. Wir bitten die Gemeinden in unserer Kirche, sich dem von der Liebe Christi bestimmten Gespräch über Homosexualität und mit Homosexuellen zu öffnen und diesen zu helfen, ihren Platz unter uns zu finden, sich geborgen und verstanden zu fühlen.
Wir bitten alle Gemeindeglieder, zu bedenken, daß Kirche und Christen die Geschichte des Leidens der Homosexuellen mitverschuldet haben. Sie dürfen nicht länger verächtlich gemacht und gedemütigt werden. Wir bitten die homosexuellen Mitchristen um die Bereitschaft, sich dem Gespräch auszusetzen, auch den Fragen und Einwänden gegenüber ihrer Prägung, und um die Geduld, die das Ringen verschiedener Auffassungen in unserer Kirche auch ihnen abverlangt.
Zusatzbeschluß: Zur Frage, ob und unter welchen Voraussetzungen Homosexuelle ordiniert werden können, haben wir noch nicht Stellung nehmen können. Die Kirchenleitung möge anfallende einzelne Entscheidungen entsprechend dieser Stellungnahme in seelsorgerlicher Verantwortung treffen.

15.1.6 Offener Brief von Herrn Eduard Stapel an die Mitglieder der Synode der KPS vom 22. November 1984

Sehr geehrte Synodale!
Liebe Schwestern und Brüder!

Bereits 1769 fragte Joh. Gottfr. Herder: „Muß ferner der, der schöne Knaben liebt, denn damit alle bürgerliche Ehrbarkeit, und der sie unschuldig liebt, aller Tugend der Seele entsagen?" – und Herder wußte nicht, was wir heute wissen, daß es nämlich immer und überall auf der Erde gleichgeschlechtlich Liebende gegeben hat und gibt und daß diese Menschen einen Partner des gleichen Geschlechts lieben und auch sexuell begehren.
Dafür haben sie in der Vergangenheit viel Leid erdulden müssen bis hin zu dem Versuch ihrer systematischen Ausrottung durch die Nationalsozialisten. Auch heute leiden gleichgeschlechtlich Liebende daran,

daß ihre Mitmenschen ihre Liebe nicht oder nur teilweise akzeptieren. Sie als Synodale haben die Schuld auch der Kirche an diesem Leid erkannt und erwähnen sie in ihrem Beschluß.

Auch ich leide immer wieder unter Diskriminierung, habe aber seit dem Zeitpunkt, da ich mich als gleichgeschlechtlich Liebender zu erkennen gab, in meiner direkten Umgebung und besonders in meiner Vikariatsgemeinde fast nur tolerante und verständnisvolle Menschen erlebt und viel Akzeptierung meiner Liebesrichtung erfahren. Das gab mir den Mut, nicht nur mein einmal begonnenes Engagement für die Verbesserung der Lebensbedingungen der gleichgeschlechtlich Liebenden fortzusetzen, sondern auch meine Ausbildung zum Pastor fortzuführen. Sie ist nun fast beendet. Sie hat unsere Kirche viel Geld gekostet. Ich habe in meiner über dreizehnjährigen Ausbildung (zwei Studien) viel Entbehrungen auf mich nehmen müssen. Im nächsten Jahr könnte ich ordiniert werden. Ich könnte endlich als Pastor arbeiten und mit einem Partner, den ich inzwischen gefunden habe, ein gemeinsames Leben beginnen. Ihr Beschluß verhindert das jedoch.

Weil ich meinen Partner liebe und mit ihm gemeinsam leben will, konnten Sie sich nicht dazu entschließen, meiner Ordination nicht im Wege zu stehen. Sie meinen, Sie wissen nicht genügend über gleichgeschlechtliche Liebe, und fragen nach weiteren naturwissenschaftlichen und anderen Erkenntnissen, insbesondere nach medizinischen. Ihre Klage über Ihr Unwissen kann ich gut verstehen, zumal der Abschlußbericht der ad-hoc-Arbeitsgruppe der Kirchenleitung, wie ich ihn kenne, sich in den herkömmlichen Denkstrukturen bewegt und die entscheidenden Fragen zur Problematik, insbesondere nach den Gründen für die Verurteilung der gleichgeschlechtlichen Liebe, nicht stellt oder gar beantwortet. Ich habe selbst viel lernen müssen, auch Gelerntes abgeschüttelt, weil ich dem Denken meiner Umgebung ebenso wie Sie verhaftet war, bevor ich begriff: Liebe benötigt keine medizinische oder andere Begründung und schon gar keine medizinischen oder andere Eingriffe, um sie aus der Welt zu schaffen. Auch Theologie und Kirche haben keinen Anlaß und vor allem kein Recht, über die biblische Verheißung der Liebe hinaus für die gleichgeschlechtliche Liebe erst nach einer Legitimation zu suchen bzw. Argumente gegen sie zu entwickeln. Vielleicht hilft ihnen an dieser Stelle das Nachdenken darüber weiter, woran es liegt, daß Kriegsbilder weniger aufregen als zwei sich liebende Männer.

Sie laden uns gleichgeschlechtlich Liebende zum Gespräch ein. Bereits mit meiner Eingabe an die Synode vor mehr als zwei Jahren habe ich um dieses Gespräch gebeten und sogar immer wieder darauf gedrängt. Sie haben mich als Synode nie und als Synodale nur äußerst punktuell angehört und nun entschieden, ohne mich zu Wort kommen zu lassen. Im Übrigen möchte ich Sie darauf hinweisen, daß die vielen anderen Betroffenen in unserer Kirche Ihrer Bitte nicht nachkommen können, solange sie wie ich jetzt Gefahr laufen, ihren Beruf zu verlieren oder gar nicht erst in ihn hineinzukommen.

Sie haben mit ihrem Beschluß eine große Chance zur Beendigung meiner eigenen Leiden – immerhin habe ich in meiner langen Studienzeit nicht nur viel eingebüßt, sondern stehe nun auch vor dem Nichts und muß völlig neu anfangen – und der Leiden vieler gleichgeschlechtlich Liebender auch an der Kirche vertan. Ich kann ihnen deshalb den Vorwurf nicht ersparen, den Berg der Schuld an den gleichgeschlechtlich Liebenden zu vergrößern, und muß Sie auffordern, uns nicht nur um Geduld zu bitten, sondern auch deutlicher zu zeigen, daß sie helfen wollen, diese Schuld abzutragen. Wenn Sie uns um Geduld bitten, sollten Sie wissen, daß Ihre Geduld den Leidensweg verlängert.

Aus Ihrem Beschluß geht nicht hervor, in welcher Weise und in welchem Zeitraum Sie Ihre Kenntnisse über die Problematik verbessern wollen. Deshalb schreibe ich Ihnen diesen Brief und bitte Sie herzlich, Ihre Einladung zu Gesprächen sofort zu verwirklichen, damit mein Leiden an unserer Kirche nicht unerträgliche Grenzen überschreitet. Es ist bereits sehr groß. Denn ich kann z.B. nicht begreifen, daß in unserer Kirche sowohl Wehrdienstverweigerer als auch aktive Soldaten ordiniert werden, aber kein Mann, der einen anderen liebt, zu dieser Liebe steht und sie auch leben will. Ich kann nicht einsehen, daß eine Pfarrstelle freibleibt, weil jemand einen anderen liebt und mit ihm einen gemeinsamen Lebensweg gehen will. Ich verstehe nicht, daß viel Geld für meine Ausbildung umsonst ausgegeben wurde, weil ich meinen Partner liebe und mit ihm altwerden will. Unser Glaube an den Gott, der die Liebe ist, möge auch Ihnen helfen, gleichgeschlechtliche Liebe nicht länger zu mißachten oder gar zu verteufeln, auch wenn manche Bibelstelle, die übrigens von homosexuellem Verhalten und nicht von gleichgeschlechtlicher Liebe sprechen, sich vielleicht gegen diese Liebe wenden sollte. Diese Bibelaussagen sind auf dem Hintergrund eines Welt- und Menschenbildes entstanden, das im Laufe der Entwicklung z.B. auch die Sonne um die Erde drehen ließ und den Frauen jede Gleichberechtigung vorenthielt.

Ich bitte Sie sehr herzlich um die Überlegung, ob Sie angesichts meiner Leiden richtig entschieden haben und ob Sie es verantworten können, meine berufliche Entwicklung und damit meine ganze soziale Existenz in Frage zu stellen sowie die Liebe zwischen mir und meinem Partner aufs Spiel zu setzen. Ich stand und stehe Ihnen jederzeit für Gespräche und Befragungen, für Diskussionen und Auskünfte zur Verfügung und kann mir einen solchen Verlauf unserer Auseinandersetzungen vorstellen, der Sie noch rechtzeitig zu einem neuen Beschluß kommen läßt. Ich schreibe Ihnen offen weil ich diese Offenheit in der Kirche Jesu Christi sowieso für möglich und nötig halte. Außerdem ist sie der einzige Ausweg aus der Problematik. Schließlich hoffe ich, daß diejenigen, die Sie gewählt haben, und alle Gemeindeglieder durch die Offenheit von dem Problem erfahren und Ihnen helfen können, mit der Diskriminierung gleichgeschlechtlich Liebender endlich Schluß zu machen. Mit freundlichen Grüßen, Eduard Stapel.

15.1.7 Auszug aus dem Vortrag von Dr. Michael Beintker „Die Verbindlichkeit biblischer Aussagen für die ethische Entscheidungsfindung der Christen" auf der 3. Tagung der XI. Synode der KPS, 15.-17. März 1990

... Interpretationsregeln für den Entscheidungsprozeß

4. Jede ethische Festlegung muß letztinstanzlich vor dem Doppelgebot der Liebe bestehen können. Diese Regel ist auch bei der Bewertung von Homosexualität zu bewähren.
Erläuterung: Die uns prägende Tradition sah sich insofern im Einklang mit diesem Gebot, als das homosexuelle Verhalten als schwere sündige Verirrung beurteilt wurde, vor dem die Gemeinschaft zu schützen sei. Unverkennbar haben Körper- und Lustfeindlichkeit, die Reduktion der Sexualität auf Fortpflanzung, die Angst vor dem als „abartig" Empfundenen und biblische Aussagen zu solcher Bewertung geführt. Es gab zudem weder gesicherte Erkenntnisse über das menschliche Sexualleben im allgemeinen bzw. die Homosexualität im besonderen noch die Toleranzbereitschaft, die homosexuelle Minderheit zu Wort kommen zu lassen. Angesichts der Einsichten, die uns heute zugänglich sind, kann man nur davor warnen, das Doppelgebot der Liebe in klassischer Anwendung gegen die homosexuellen Mitmenschen zu wenden. Vielmehr bedarf es hier zunächst der Vergangenheitsbewältigung. Bei der Gewinnung von Handlungsorientierung müssen wir uns immer

fragen, wie die Wirkungsgeschichte ihrer biblischen Begründungen aussah. Auch im Fall der Homosexualität gibt diese Wirkungsgeschichte zu denken: Sie führte zur Diskriminierung und Kriminalisierung von Menschen, deren Verhalten als schuldhafte Abweichung von der offiziellen Moral eingestuft worden war. Selbst dann, wenn man Homosexualität weiterhin als schuldhaftes Verhalten begreifen würde, wäre man gefordert, die Nächstenliebe gerade denen gegenüber zu beweisen, die zu Opfern der herrschenden Moral geworden sind. Es dürfte allerdings nur bei formaler Reproduktion der biblischen Belege noch möglich sein, bei Homosexualität en bloc von schuldhaftem Verhalten zu sprechen. Wenn man sich dazu nicht entschließen will, muß man nüchtern über die Integration homosexueller Menschen in unsere Gesellschaft nachdenken, sich über ihre beruflichen Chancen Gedanken machen und Regeln eines angstfreien Miteinanders entwickeln. Dann gilt es, behutsam und taktvoll Vorurteile anzubauen und sich Lernschritte zuzumuten, die im Zeichen nüchternen Glaubens, tätiger Liebe und – auch bei Enttäuschungen unbeirrbarer – Hoffnung gewagt werden.

15.2 Persönliche Erkenntnisprozesse im Verlauf der Diskussion

Den Ausgangspunkt des persönlichen Engagements zur Klärung der Frage um Homosexualität und kirchliches Amt bildete die Feststellung einer tiefgreifenden Sprach- und Ratlosigkeit. Der Leiterkreis der Bruderschaft „Missionarischer Dienst Südharz" wandte sich nach eingehender Beratung in der Zeit der Auseinandersetzungen um die Ordination von Vikar Stapel mit einem Votum an die Kirchenleitung und beauftragte mich, in Namen der Bruderschaft das weitergehende Gespräch zu führen.
Neben den für uns verbindlichen biblischen Aussagen, die eine Legalisierung der Homosexualität als empfehlenswerte Lebensform nicht rechtfertigen konnten, waren ausschlaggebend für die von uns vertretene Position auch die Aussagen von homosexuellen Menschen, die
a) von Homosexualität als einer zwanghaften Gefühlsstruktur sprachen,
b) einer Ordination emanzipatorisch homosexueller Theologen –

auf dem Hintergrund der tatsächlichen Lebenswirklichkeit homosexueller Beziehungen – kritisch gegenüberstanden und
c) uns statt dessen Mut machten, nach Auswegen aus diesem Dilemma zu suchen.

Viele Gespräche mit theologischen und psychologischen Fachleuten in der damaligen DDR führten zunächst kaum über die grundsätzliche Ratlosigkeit hinaus, die mich selbst im Blick auf das Phänomen der Homosexualität bestimmte. Der entscheidende Ansatzpunkt weiterführender Erkenntnis war für mich die Lektüre der Forschungsergebnisse von Prof. Dr. van den Aardweg, der sich über Jahrzehnte mit dem Problem der Homosexualität beschäftigt hatte und in Weiterentwicklung vorliegender psychologischer Erkenntnisse eine Analyse und Therapie entwickelte, die vielen ehemals homosexuellen Menschen zur Befreiung von homosexuellen Zwängen verholfen hatte.

Klärung in dieser Frage brachte eine Studientagung in Leipzig im Dezember 1984.[10] Diese Tagung eröffnete eine realistische Perspek-

---

[10] Diese Tagung war vorbereitet durch Mitglieder der KL der Landeskirche Sachsens und des MDS. Neben Mitgliedern der vorbereitenden Gremien nahmen an den ständigen Beratungen teil: Der Psychotherapeut Prof. Dr. van den Aardweg (Niederlande), der Leiter des Instituts für Jugend und Gesellschaft Horst-Klaus Hofmann, Bensheim, und der Theologe Roland Werner, Marburg. Die Aufgabenstellung der Tagung war folgende:
– Stand der theologischen Diskussion zum Thema;
– Stand der wissenschaftlichen Diskussion zum Thema;
– Entwicklungsstand und Tendenzen nach 25 Jahren Emanzipationsbewegung in den USA, Niederlanden und der damaligen BRD;
– Information über die Ausbreitung von AIDS;
– Gespräche mit Vertretern der KL der Landeskirche Sachsens, Thüringens, der KPS und Berlin-Brandenburgs;
– Gespräche mit Betroffenen und Vertretern der Emanzipationsbewegung in der Kirche; u.a. waren eingeladen Dr. Punge, Herr Eduard Stapel und der Leitungskreis des Arbeitskreises „Homosexualität" bei der ESG Leipzig.
Bei dem Gespräch mit Vertretern der KL waren nur Mitglieder der Landeskirche Sachsens erschienen. Dr. Punge und Herr Stapel lehnten Gespräche im Beisein von Dr. van den Aardweg ab.
Aus der Begegnung mit Dr. van den Aardweg entwickelte sich persönliche Freundschaft. Durch zahlreiche Besuche seinerseits konnte ich meine Kenntnisse erweitern und vertiefen und neben der begründeten öffentlichen Stellungnahme mit praktischen pastoral-therapeutischen Gesprächen beginnen, woraus sich der Arbeitskreis „Befreiende Seelsorge" entwickelt hat.

tive, daß Menschen aus homosexuellen Strukturen herausfinden können, vermittelte aber auch die Erkenntnis, daß es in der psychologischen Fachwelt nur sehr wenige Versuche einer Arbeit mit diesem finalen Interesse gibt.

Die Teilnahme an der innerkirchlichen Diskussion konfrontierte uns sehr schnell mit der in allen homosexuellen Arbeitskreisen vertretenen homosexuellen Emanzipationsbewegung und einer großen Anzahl von Theologen, die der Forderung dieser Gruppen nachzugeben gewillt waren und nach Wegen suchten, homosexuelle Kandidaten in unserer Kirche zu ordinieren.

Aufgrund von sehr ungleichen quantitativen Kräfteverhältnissen, eingeschränkter Möglichkeiten, sich öffentlich Gehör zu verschaffen – die kirchliche Presse verweigerte zu dieser Zeit den Abdruck begründeter kritischer Stellungnahmen zu den emanzipatorischen Stimmen – und der Sorge, unsere Kirche könnte eine verhängnisvolle Entscheidung fällen, entstand ein zunehmender Handlungsdruck. Der Freiraum für eine ausreichend gründliche, umfassende und sachliche Diskussion war kaum mehr gegeben. Höhepunkt dieser Phase waren die Veranstaltungen der Evangelischen Akademie in der Stadtmission in Halle im Jahr 1985, die als reine Selbstdarstellung der homosexuellen Emanzipationsbewegung konzipiert waren.

Die Art und Weise, wie hier kritische Stimmen nivelliert wurden, machte deutlich, daß es nicht mehr wirklich um Wahrheitsfindung ging, sondern die Stellungnahme zu der zur Diskussion stehenden Frage bereits im Vorfeld entschieden war. Diese Tatsache fand ihren Ausdruck in Ankündigungen der verantwortlichen Träger der Emanzipationsbewegung, daß der „militant-missionarische Kampf" für die Emanzipation der homosexuellen Lebensweise fortgesetzt werde, da die Zeit der Gespräche offensichtlich vorbei sei. Dazu gehörte auch die demonstrative Ankündigung, daß es in zehn Jahren einen homosexuellen Bischof in dieser Kirche geben werde.

Aussagen und Aktivitäten der Vertreter der Emanzipationsbewegung bereits im Vorfeld dieser Treffen waren darauf ausgerichtet, den Eindruck zu erwecken, daß ein genereller Wandel der Einstellung zur Homosexualität unausweichlich und etwa noch vorgebrachte kritische Gegenargumente der aussichtslose Protest eines Restes uneinsichtiger Ewiggestriger sei.

Die Argumentationsfelder waren folgende:

1. Die einhellige Meinung der Wissenschaftler sei, daß Homosexualität eine irreversible und natürliche Kondition darstelle. Auf dem Hintergrund dieser Einsicht müsse der homosexuellen Lebensweise gleichberechtigt zur rechtlich gesicherten Ehe ein soziales Umfeld eingeräumt werden.

Tatsächlich hatte sich die Einschätzung der in der damaligen DDR mit diesen Fragen befaßten Fachleute (im wesentlichen Eheberater) geändert. Unter dem Eindruck fehlender erfolgreicher Therapien und dem beständigen Druck mündlicher und schriftlicher Forderungen aus den kirchlichen Arbeitskreisen wurde die Schaffung verbesserter sozialer Bedingungen überlegt (z.B. spezielle Begegnungsmöglichkeiten für Homosexuelle). Die Rechtspraxis, homosexuelle Beziehungen als Straftatbestand zu verfolgen, war 1968 richtigerweise abgeschafft worden. Forderungen, die Einschränkungen für homosexuelle Offiziere der NVA abzuschaffen, mußten an der rigideren Rechtslage der Sowjetarmee scheitern.

Zu keiner Zeit gab es jedoch den ernsthaften Versuch von staatlicher Seite, homosexuelle Partnerschaften der Ehe gleichzustellen; dafür fehlten überzeugende Argumente.

2. Widerstände gegen die homosexuelle Lebensweise in der Bevölkerung wurden mit der These einer durchgehenden Verfolgungsgeschichte der Homosexuellen erklärt. Der permanente Hinweis auf Diskriminierung und Unterdrückung sollte die Abneigung der heterosexuellen Mehrheit gegen homosexuelle Lebensweisen als Relikt dieser kulturellen Verfolgung erweisen. Verfechter anderer Positionen wurden mit z.T. demagogischen Mitteln bekämpft. Eine größere Anzahl namhafter Theologen setzte sich mit der Zeit für eine Anerkennung und Gleichstellung der homosexuellen Minderheit ein.

Bei näherer Prüfung der historischen Wirklichkeit erheben sich folgende Einwände gegen diese These:

Systematische Unterdrückungen homosexueller Beziehungen umfaßten in Europa jeweils kürzere Episoden und hatten nur in der Zeit grausamer Härte unter den Calvinisten Hollands 1670-1732 einen spezifisch „christlichen" Hintergrund.

Das oft erwähnte Vorgehen der deutschen Nationalsozialisten gegen Homosexuelle hatte im wesentlichen andere Gründe als die vorgebrachten rassentheoretischen. Bis zum 30.6.1934 besaß die SA in Röhm und seinen Anhängern eine Führungsmannschaft, die bei der Ausbreitung des Nationalsozialismus in Deutschland und bei der Machtergreifung Hitlers keinen unbedeutenden Anteil hatten. Die Liquidierung des homosexuellen SA-Führers Röhm und seiner Gesinnungsgenossen entsprang keineswegs einem Sinneswandel Hitlers in der ethischen Bewertung der Homosexualität seiner Anhänger, sondern hatte eindeutig machtpolitische Hintergründe. Daß diese Aktion im Namen des „gesunden Volksempfindens" ausgeführt und dementsprechend propagandistisch untermauert wurde, lag in dem üblichen Argumentationsstil der Nazis begründet, innerparteiliche Machtstreitigkeiten propagandistisch zu tarnen. Daß in der Folgezeit viele unschuldige homosexuelle Menschen dieser Propaganda und Verfolgung zum Opfer fielen, ist tatsächlich ein schlimmes Kapitel in der Geschichte der homosexuellen Menschen.

Auch die strenge Bewertung homosexueller Beziehungen in der UdSSR (mit Gefängnisstrafen bedroht) hatte ähnliche Machtkämpfe in der Roten Armee zur Ursache gehabt.

Aber nicht nur aus machtpolitischen Gründen wurden homosexuelle Beziehungen in der Geschichte gesellschaftlich eingeschränkt. So wurden z.B. im antiken Griechenland in einer Zeit allgemeiner Anerkennung homosexueller Päderastie in Sparta und Athen (und in Athen mit der Zustimmung der Mehrheit der Bürger) zum Schutz der gesellschaftlichen Entwicklung Gesetze gegen die Homosexualität erlassen.[11]

Gegenwärtig gibt es keine staatliche Verfolgung Homosexueller in Deutschland mehr. Der Entkriminalisierung folgte eine schrittweise gesellschaftliche Legalisierung, die sich weiter fortsetzen wird. Diese aber hat ihre sichtbaren Grenzen. Daß nach Umfrageergebnissen die Mehrheit der heute lebenden Bevölkerung homosexuelle Praktiken ablehnt (liberale Haltungen tolerieren zwar Homosexualität bei anderen, lehnen sie aber für sich selbst ab), ist wohl weniger ein Rudiment diskriminierender Ideologien der

---

11 Vgl. dazu u.a. Flaceliere, R., Amour en Grece, Paris: Librairie Hachette, 1960; Opler, M.K., Anthropical and cross-cultural aspects of homosexuality, in J. Marmor (Hrsg.), Sexual inversion, New York: Basis Books, 1965.

Vergangenheit, als eine normale emotionale Reaktion auf eine sexuelle Praxis, die von der Mehrheit der Bevölkerung als unnatürlich empfunden wird.

Die stereotype Wiederholung der Thesen von der Diskriminierung und Verfolgung mit Hinweis auf die damit verbundenen großen Leiden der Homosexuellen wird von den Sprechern der homosexuellen Emanzipationsbewegung auch aus methodischen Gründen gebraucht (vgl. auch offenen Brief von Eduard Stapel an die Synodalen). Daß sie durchaus Wirksamkeit zeigt, offenbaren die Theologen, die sie ungeprüft in ihre Argumentation übernehmen. Abgesehen davon, daß eine schweigende Mehrheit der homosexuellen Menschen diese Sicht nicht teilt, empfinden viele Adressaten solche Äußerungen als unangemessen und manipulativ. Sie belasten und emotionalisieren das sachliche Gespräch und verhindern eine vernünftige Lösung der anstehenden Konflikte ebenso wie das Angebot sachgerechter und adäquater Hilfen.

Als besonders problematisch haben wir die allem Anschein nach bewußt eingesetzte Desinformation kirchlicher Entscheidungsträger wie auch der Gemeinden empfunden. Auf Pfarrkonventen, Gemeinde- und Jugendkreisen, in Briefen an Synodale usw. wurden Beschreibungen der homosexuellen Lebenswirklichkeit verbreitet, die unserer Erfahrung nach nur als Idealisierung betrachtet werden können (in Einzelfällen wurden der homosexuellen Partnerschaft erhebliche Vorzüge gegenüber der heterosexuellen Ehe zugeschrieben). Die Motive der Kritiker wurden durch haltlose Unterstellungen in Mißkredit gebracht.[12]

---

[12] Das Anliegen von Dr. van den Aardweg wurde mit der Euthanasie in Verbindung gebracht, der ehemals homosexuelle Theologe Roland Werner wurde des Aberglaubens verdächtigt, der Verweis auf die kritischen Stellen der biblischen Aussagen wurde als Götzendienst qualifiziert, uns wurden diffamierende Äußerungen und die völlige Gesprächsverweigerung unterstellt (obwohl wir nach unseren Möglichkeiten zu jeder Zeit und gegenüber jedem Gesprächspartner zur Kommunikation bereit waren), und schließlich wurde von einem Sprecher der Emanzipationsbewegung behauptet: Wenn „evangelikales Glauben und staatliches Wissen in der Schwulenfrage zusammenfließen, sehe ich uns Schwule wieder im KZ, in dem dann vielleicht Ärzte die Heilungsspritze verabreichen. Nach der Liebe zwischen mir und meinem Partner fragt dann niemand mehr..."

Um uns dieser Angriffe zu erwehren, habe ich im Dezember 1985 mit einem offenen Brief geantwortet, der die Auseinandersetzungen auf dieser Ebene tatsächlich beendete.

3. Eine Gleichstellung homosexueller Beziehungen mit der heterosexuellen Ehe würde die Probleme der Homosexuellen beenden und mit der Zeit zur Herausbildung stabiler sozialer Beziehungen zwischen homosexuellen Menschen in dauerhaften Partnerschaften führen.

Auch für diese These gibt es wenig Anhaltspunkte. Nach den vorliegenden Erkenntnissen aus den Ländern, in denen homosexuelle Lebensformen nahezu oder gänzlich akzeptiert sind, führte die Anerkennung der homosexuellen Praxis vielfach zunächst zu euphorischen Erwartungen im Sinn der o. g. These. Längerfristig traten jedoch die klassischen Probleme homosexueller Beziehungen auch in diesem liberalen Umfeld wieder zu Tage. So berichten ehemals Homosexuelle aus verschiedenen Ländern, daß sie z. T. über Jahrzehnte ohne jede Diskriminierung emanzipatorisch homosexuell gelebt haben, aber letztlich nicht zu einer größeren emotionalen und Beziehungsstabilität gefunden hätten. Dies ist nach unserem Verständnis daraus zu erklären, daß die entscheidende Ursache der Problematik homosexueller Partnerschaften nicht eine verständnislose Umwelt ist, sondern die Wurzeln im homosexuellen Menschen selbst liegen.

Ähnliche Beobachtungen gibt es auch im Blick auf depressive Menschen. In Zeiten der intensiven Zuwendung und hoffnungsvoller Erwartungen können die depressiven Zwänge zeitweilig nachlassen. Im Zusammenhang mit der alltäglichen Wirklichkeit werden sie aber – und dann meist in verstärktem Maße – wieder auftreten, wenn ihnen nicht auf einer grundsätzlichen psychologischen Ebene begegnet wird.

Nun ist die unkritische Bestätigung der negativen Sichtweise depressiver Menschen ein sicherer Weg in die Vertiefung der Depression mit all ihren selbstzerstörerischen Folgen. Da die homosexuellen Mechanismen ähnlichen Gesetzen folgen, erscheint die vorbehaltlose Bestätigung der emanzipatorischen Ideologie als verhängnisvoller Weg in eine tiefere destruktive Verstrickung in homosexuelle Strukturen.

Es bekommt keinem Menschen gut, wenn er die Befriedigung

zwanghafter Bedürfnisse zum Leitthema seines Lebens macht und damit zum Sklaven seiner eigenen Gefühle wird. Für jeden Kenner der homosexuellen Szene, der betroffenen Menschen helfen will, verbietet sich aus diesen Gründen, die Illusion von der idealen Zukunft emanzipatorisch lebender Homosexueller zu teilen oder zu unterstützen. Homosexuelle Gefühlsstrukturen sind nach unserer Kenntnis innerseelische Störungen, die auch durch die Schaffung adäquater sozialer Bedingungen nicht dauerhaft verbessert werden können.

Verwandte Grundhaltungen und Argumentationsmuster finden sich auch bei Theologen, die die Emanzipationsbemühungen der Homosexuellen unterstützen. Da eine theologische Antwort nicht vorbei an den anthropologischen Aussagen der Bibel gegeben werden kann, setzen sich alle entsprechenden Autoren mit dem exegetischen Umfeld der biblischen Stellen auseinander und suchen Gründe, die deutlichen Aussagen zu entschärfen oder umzuinterpretieren. Die Schärfe der Aussagen im Heiligkeitsgesetz wird aus der Abwehr heidnischer Einflüsse erklärt, die Aussagen bei Paulus mit seiner aus der griechischen Umwelt übernommenen „Leib- und Lustfeindlichkeit" begründet.

Dagegen ist einzuwenden, daß die Aussagen des Paulus über den Vorzug der Ehelosigkeit z.B. in 1 Kor 7 nicht mit dem Mißtrauen gegenüber dem Leib, sondern mit dem eindeutigen Hinweis auf die erwarteten eschatologischen Leiden begründet werden (V.26). Die Unterstellung der Leibfeindlichkeit bei Paulus bedeutet eine Verschiebung der Argumentation und offenbart eine theologische Ausgangslage, die der Bibel fremd ist. Sie dürfte eher in der akzeptierten Lust-Ideologie der Gegenwart ihre Wurzeln haben, die das Recht auf Selbstverwirklichung und damit auf das uneingeschränkte Ausleben der eigenen Neigungen einklagt, ohne andere als subjektive Wertkategorien zu berücksichtigen.

Die biblischen Grenzwerte verantwortlichen Handelns werden als unangenehme Hindernisse empfunden, die es zu unterminieren gilt. Dieser Position dient der Begriff der Nächstenliebe in einer sentimentalen Auslegung als Rechtfertigung. Es wird begründend auf die „moderne Toleranzbereitschaft" verwiesen und eine (in der Wirklichkeit nicht vorhandene) „allgemeine wissenschaftliche Erkenntnislage" unterstellt.

Sehr oft haben wir beim Lesen oder Hören entsprechender Argumentationsreihen den Eindruck, daß es darum geht, die biblischen Aussagen im Sinne einer Akzeptanz emanzipatorischer homosexueller Lebensweise umzubewerten, so daß die Vertreter einer biblischen Theologie nichts erwidern können. Die Interpretation biblischer Aussagen aus der alleinigen Sicht sog. „moderner Erkenntnisse", die zudem noch auf tönernen Füßen stehen, ist ein theologisch fragwürdiges Verfahren, führt zwangsläufig zu einem libertinistischen Umgang mit der Heiligen Schrift und benutzt biblische Vokabeln zu einer rechtfertigenden nachgeordneten ethischen Begründung sich wandelnder Moralvorstellungen.

Die Annahme, homosexuelle Partnerschaften könnten eheanalog mit heterosexuellen Liebesbeziehungen gleichgesetzt werden, offenbart eine Unkenntnis der homosexuellen Wirklichkeit oder läßt vermuten, daß eine bewußte Irreführung durch eine gezielte Idealisierung beabsichtigt ist.

Auch die unsachgemäße Trennung von homosexuellen Beziehungen zwischen Erwachsenen, die akzeptabel seien, von unakzeptablen homosexuellen Beziehungen zu Minderjährigen ist unqualifiziert. Einer der bekanntesten homosexuell Pädophilen, Andre Gide, der bereits Anfang unseres Jahrhunderts um seine Anerkennung kämpfte und bis heute als Beispiel des diskriminierten Leidenden in der homosexuellen Emanzipationsbewegung angeführt wird, würde mit Recht nach den Gründen dieser Unterscheidung fragen. Es liegen beiden Verhaltensweisen die gleichen Zwangsstrukturen zugrunde, die zu homosexuellen Beziehungen drängen. Lediglich das Lebensalter (ein Hinweis auf das Alter der Fixierung der zugrundeliegenden negativen minderwertigen Selbstsicht) des gewünschten Partners ist unterschiedlich. Alle, die solche Unterscheidungen versuchen, müssen gute Gründe angeben, warum sie das eine für akzeptabel halten und die Vielzahl der sonstigen homosexuellen Besonderheiten für unakzeptabel.

Wir haben in der Auseinandersetzung mit den proemanzipatorischen Stimmen bis heute kein überzeugendes Argument finden können, das eine Neubewertung der biblischen Stellen nötig und möglich machte. Vielmehr erweisen sich die anthropologischen Aussagen der Heiligen Schrift als höchst adäquate Beschreibungen der heilsamen Strukturen menschlicher Existenz. Die Einsicht, daß Gottes Wort von uns nichts fordert, was dem menschlichen Wesen nicht förderlich wäre, leitet uns zu großer Hochachtung vor den biblischen Aussagen und zur entschiedenen Verteidigung dieser Aussagen gegen alle Versuche ihrer Relativierung.

Den Geist der Nächstenliebe sehen wir dort am Werke, wo Menschen in Not geratenen Mitmenschen helfen, ein den aufbauenden Schöpfungsordnungen Gottes gemäßes Leben zu führen. Das kann im Verhältnis zu Betroffenen mit einer neurotischen Welt– und Selbstsicht nach unserer Meinung nur heißen, ihnen aus dieser Sicht herauszuhelfen, und sie auf dem zugegebenermaßen schwierigen Weg zur Veränderung zu begleiten.

15.3 Zum Stand der kirchlichen Diskussion heute

Die Diskussion um das Thema „Homosexualität und Kirche" in der Evangelischen Kirche der Kirchenprovinz Sachsen wird nun seit ca. 10 Jahren geführt. Die Anfangsjahre standen vor allem im Zeichen der eigenen Standortfindung. Im Laufe der Zeit haben sich begründete Positionen herausgebildet. In der Auseinandersetzung der unterschiedlichen Positionen haben sich Lernprozesse ergeben, aber auch die Grenzen klarer abgezeichnet.

Besonders die Jahren 1984 bis 1987 waren bestimmt vom Ringen um die Durchsetzung bzw. Abwehr der Emanzipation der homosexuellen Lebensweise im Pfarramt. Diese Versuche wurden weitgehend auf emotioaler Ebene geführt, nachdem die theologische wie wissenschaftliche Sachlage festgestellt war und die verschiedenen Lager ihre Position beschrieben hatten. Im Nachhinein bleiben manche schmerzlichen Erinnerungen zurück. Es bleibt die Frage: Hätte nicht manches Gespräch sachlicher geführt werden können?

Alle an dieser Diskussion Beteiligten wissen um die verschiedenen Sorgen, die den einen oder anderen erfüllten. Keiner kannte den Ausgang. So wie sich die einen das Erreichen ihres Ziels wünschten, nämlich die Legalisierung homosexueller Lebensformen in der Kirche, fürchteten die anderen, daß damit die Kirche erstmalig durch die Synode etwas beschließen würde, was eindeutig schriftwidrig sei, und daß durch die Ordination homosexueller Theologen die homosexuelle Lebensweise zu einer wünschenswerten Lebensform in der Kirche erklärt würde. Die vorerst letzte große Veranstaltung mit gravierenden Auseinandersetzungen war das Kolloquium der Kirchenleitung der Kirchenprovinz Sachsen im Januar 1989.

Dann kam die politische Wende in der DDR. Kirchengemeinden wie Synode waren in die Ereignisse eingebunden. Im Zusammenhang mit der Neugestaltung der gesellschaftlichen Verhältnisse haben sich die Diskussionen mehr auf außerkirchliche Felder verlagert. Auch innerkirchlich sind sie dort, wo wir ihnen begegnen, sachlicher geworden.

Eine definitive kirchliche Entscheidung in der Frage des Umgangs mit Homosexualität und homosexuellen Menschen steht bis heute aus. Immer noch ist die Position der Pfarrer ungeklärt, die sich als homosexuell lebende Pfarrer unserer Kirche zu erkennen gaben. Neue Anträge auf Ordination werden im Laufe der Jahre erfolgen, solange die Möglichkeit dazu nicht ausgeschlossen ist. Entsprechende Synodalanträge werden immer wieder gestellt, oft auch mit der Begründung, eine Entscheidung für die Ordination homosexuell lebender Pfarrer trage dazu bei, die Vakanzprobleme mindern zu helfen. Der Hauptschauplatz der Diskussionen heute unter den ostdeutschen Kirchen scheint die Ev. Kirche von Berlin-Brandenburg zu sein.

Unabhängig vom zeitlichen Fortgang der Ereignisse sind die Meinungen und Positionen im Wesentlichen dieselben geblieben. Befürworter und Gegner der Emanzipation können sich nicht wesentlich bewegen. Neue Erkenntnisse der Wissenschaft liegen nicht vor; wenn auch eine zunehmende Anerkennung der etwa von Dr. van den Aardweg vertretenen Position zu beobachten ist.[13] Auch in den USA verstärkt sich ein Trend im Sinne dieser Auffassung. Demgegenüber kann sich an der Situation derer, die die Anerkennung ihrer homosexuellen Partnerschaften anstreben, auch nichts Wesentliches ändern. Aufgrund der zugrundeliegenden Gefühlsstruktur gibt es keine „Verhandlungsmasse". Die Frage ist nicht theoretischer, sondern existentieller Natur.

Der Arbeitskreis „Befreiende Seelsorge" hat sich weiter entwikkelt. Entstanden aus der Seelsorgearbeit der Bruderschaft „Missio-

---

[13] Der Berliner Psychiater Prof. Dr. Josef Rattner gratuliert Dr. van den Aardweg in einem persönlichen Brief zu dessen „hervorragendem Homosexualitätsbuch".

narischer Dienst Südharz", einem Zweig der Arbeitsgemeinschaft Missionarischer Dienste (AMD), ist er unterdessen als eingetragener Verein organisiert. Die öffentlichen Diskussionsbeiträge haben wir, nachdem alle Kirchenleitungen in der ehemaligen DDR von uns zum Thema hinreichend informiert worden sind, aufgegeben und uns ausschließlich der praktischen Seelsorgearbeit zugewandt. Der immer größer werdende Kreis der Interessenten – mehrere hundert haben unterdessen an den Seminaren teilgenommen und die Mehrheit davon sich dem Arbeitskreis angeschlossen – wird z.Zt. von einem 25-köpfigen überkonfessionellen Geschwisterrat gemeinsam verantwortet, in dem mehrere auf dem Weg der Änderung sich befindende bzw. ehemals homosexuell empfindende Menschen mitarbeiten. Wir sind der Überzeugung, daß nur das praktische Beispiel veränderter Menschen und die Einsicht in die Struktur der Homosexualität glaubwürdige Argumente für die Richtigkeit unseres Weges sein können.[14]

Eine verbindliche Entscheidung darüber, wie die Evangelische Kirche in Deutschland mit dem Thema Homosexualität in der Kirche umgehen will, ist noch nicht erfolgt. Es bleibt im Interesse aller beteiligten Seiten zu wünschen, daß diese Frage – möglichst als gemeinsame Entscheidung aller Landeskirchen – bald beantwortet wird, und daß diese Entscheidung konkrete Hoffnungsmodelle für die betroffenen Menschen eröffnet. Andernfalls wird die Diskussion nicht enden können.

---

[14] Intensive Beziehungen und Zusammenarbeit mit den verschiedensten kirchlichen Werken und Bruderschaften, u.a. neben dem MDS der „Offensive Junger Christen" (OJC) in Reichelsheim, bilden die prägende geistliche Grundlage.

Über die Entwicklungen in den anderen Landeskirchen sind wir nur punktuell informiert. Wesentliche Beiträge zum Thema haben wir u.a. erhalten von der 19. Landessynode der Ev.-luth. Landeskirche Hannover in Soltau vom 11.2.1983, Bericht des Sonderausschusses für Fragen der Lebensführung homosexueller kirchlicher Mitarbeiter; ein Referat von Prof. Dr. Horst Balz aus Bochum vor der Arbeitsgruppe „Homosexualität" der Ev. Kirche von Westfalen am 20.2.1986 zum Thema „Biblische Aussagen zur Homosexualität" und ein Referat von Prof. Dr. Frey, gehalten vor der gleichen Arbeitsgruppe am 6.10.1986 zum Thema „Zur Beurteilung der Homosexualität aus theologisch-ethischer Sicht".

16. Auf dem Weg zur Änderung –
Zwei Erfahrungsberichte von Betroffenen

1. Lebensbericht

Ich denke, daß mich meine Eltern immer sehr geliebt haben. Eine spürbare Beziehung hatte ich aber, soweit ich zurückdenken kann, nur zu meiner Mutter. Sie hatte in der Familie „die Hosen an"; in meinem sächsischen Heimatort und in unserer Gemeinde war sie angesehen und geachtet, weil sie immer und für alle Zeit hatte. Mein Vater war dagegen eine „graue Maus". Er war zwar anwesend, trat aber nie wirklich in Erscheinung. Heute glaube ich, daß er gerne eine Beziehung zu mir aufgebaut hätte, aber zu schwach war, sich gegenüber meiner Mutter durchzusetzen, die mich emotional fest an sich band. Ich erinnere mich, daß ich mir oft einen anderen Vater gewünscht habe. Ich konnte nicht mithalten, wenn meine Freunde von ihren Vätern erzählten und darüber, was sie mit ihnen unternahmen. Die emotionale Beziehung zu meinem Vater war schwach und farblos, gleichzeitig vermißte ich eine intensivere emotionale Beziehung zu ihm schmerzhaft.

Ich war ein sehr braves Kind. Zur Freude meiner Mutter habe ich mich kaum gerauft oder geprügelt. Eigentlich war ich kein besonders schwächlicher Junge, aber soweit ich zurückdenken kann, mindestens seit Beginn der Schulzeit, habe ich körperliche Auseinandersetzungen gemieden. Mich hat auch niemand darin bestärkt, meine Kräfte mit anderen zu messen: Zu Hause und im Kindergottesdienst hatte ich ein Idealbild des Christen verinnerlicht, der sich möglichst nicht wehrt und immer zu allen lieb ist. Das kam meiner Scheu vor Auseinandersetzungen sehr entgegen.

Die größten innerlichen Dramen meines Lebens spielten sich immer im Sportunterricht ab. Ohne Übertreibung: Solche „seelischen Ausnahmezustände" wie in diesen Stunden habe ich seither nie wieder erlebt. Am meisten haßte ich Mannschaftsspiele; also Sportarten, bei denen es auf Auseinandersetzung ankommt. Aber auch in allen anderen Disziplinen fühlte ich mich immer minderwertig und den anderen Jungen unterlegen, auch wenn meine wirklichen Leistungen dazu keinen Anlaß gaben. Dieses Erleben zieht sich durch meine gesamte Schulzeit. Ein Tag mit Sportunterricht war von vornherein ein verdorbener, schlimmer Tag.

Diese Spirale begann sich sehr früh zu drehen: Jedes negative Erlebnis bestätigte mich in meiner Selbstsicht: Ich bringe es eben nicht, ich bin eben unsportlich; im Klartext: Ich bin eben kein „richtiger" Junge. Das ganze ist so absurd, weil ich überhaupt nicht unsportlich bin, sondern eher ein sportlicher Typ. Aber damals sah ich es so und bewunderte die sportlichen Jungs.

Weil ich im Lauf der Zeit immer überzeugter war, kein richtiger Junge zu sein, suchte ich Selbstbestätigung in Bereichen, in denen ich mich anderen gewachsen fühlte und es ohne Zweifel auch war. Mein Lerneifer und mein Fleiß brachten mir aber auch das Stigma des Strebers ein und isolierten mich weiter von „den richtigen Jungs". Manche Lehrer haben mich in ihrer Unterrichtstaktik zu ihrem Verbündeten gemacht und die Isolierung damit weiter vorangetrieben. In den frühen Schuljahren suchte und fand ich meinen Platz in der Gruppe der Mädchen; später dann, vielleicht so ab der siebenten Klasse, ging auch das nicht mehr auf, weil die Mädchen inzwischen in ein Alter gekommen waren, wo sie halt „richtige Jungs" toller fanden. Ich mogelte mich weiter durchs Leben und fand heraus, daß man fröhlich, freundlich und witzig sein mußte, um Anerkennung zu finden. Mit dieser Taktik lebte ich die nächsten Jahre dann ganz erfolgreich.

Homosexuelle Gefühle hatte ich zu dieser Zeit noch lange nicht. Wohl aber erschien mir der Gedanke, eine Freundin zu haben, geradezu undenkbar. Auch in dieser Frage bezog ich mein Selbstverständnis wieder aus meiner Art von Glauben: Als 16jähriger keine Freundin zu haben, war ja sicher „christlicher" als eine zu haben...

In diese Zeit fällt auch meine Bekehrung, das heißt meine ganz bewußte und ganzheitliche Hinwendung zu Jesus Christus und zum Evangelium. Obwohl mein Glaube – aus heutiger Sicht betrachtet – damals wohl ziemlich „verbeult" war, möchte ich die Bedeutung dieses Schritts nicht schmälern. Überhaupt bin ich dankbar für die pietistische Prägung, die ich in Kindheit und Jugend erfahren habe: Für den ernsthaften, verbindlichen und kompromißlosen Glauben, der mir vorgelebt wurde.

Gleichzeitig, und das muß auch gesagt werden, hatte diese Art von Glauben für mich auch negative Auswirkungen. Ich bekam wenig Anstöße zu einer positiveren Selbstsicht. Das belastende Gefühl, nicht zu den anderen zu gehören, ertrug ich, indem ich mir sagte, daß ich eben nicht zur „Welt" gehörte. Damit lag die Ursache für meine Außenseiterposition nicht mehr bei mir; ich konnte mich als Opfer ansehen. Daß solch eine verzerrte Selbst- und Weltsicht in manchen christlichen Kreisen salonfähig ist und von anderen eher geteilt und gefördert als kritisch beurteilt wird, habe ich leider oft erlebt.

Meine Berufswahl entsprach meiner gesamten Entwicklung. Ich wollte gerne Medizin studieren; ganz objektiv aber hätte ich bei der politischen Haltung meiner Familie in der DDR kaum Chancen gehabt, zum Abitur zu kommen. Wegen meiner Scheu vor Auseinandersetzungen fing ich aber auch erst gar nicht an, darum zu kämpfen. Statt dessen begann ich eine Ausbildung zum Krankenpfleger.

Deutliche homosexuelle Phantasien und Wünsche tauchten bei mir etwa im Alter von 17 Jahren auf. Mit meiner Gesamtentwicklung brachte ich dies natürlich nicht in Verbindung. Ich hatte zu dieser Zeit einen Freund aus unserem Jugendbund, mit dem ich darüber reden konnte. Viele Stunden haben wir um Befreiung gebetet und Antwort in der Bibel gesucht; hunderte Male habe ich die Freiheit für mich „in Anspruch genommen", wie das so heißt ... Aber die homosexuellen Gefühle wurden immer unwiderruflicher ein Teil meines Lebens. Ich wollte das nie akzeptieren. Das hat nicht nur etwas damit zu tun, daß ich diese Realität nicht wahrhaben wollte, sondern vor allem damit, daß ich überzeugt war: Gott kann nicht wollen, daß ich homosexuell bin. Ich bin der festen Meinung, daß ich mich ohne die Bindung an diese unabhängig von mir existierende Wirklichkeit, den in der Bibel bezeugten Willen Gottes, früher oder später für ein auch praktisch homosexuelles Leben entschieden hätte. Die homosexuellen Gefühle sind so stark, so wirklich, so zwanghaft und so bitter-süß, daß sie im Selbstlauf ganz folgerichtig zum „coming out" führen müssen. Und wenn man sich selbst mit seinen Gefühlen und Gedanken zum Maßstab setzt, dann wird es irgendwann die normalste Sache der Welt, diese Gefühle auszuleben.

Mit 19 Jahren lernte ich meine heutige Frau kennen. Conny war eigentlich meine erste Freundin. An erotischem Empfinden brachte ich in diese Partnerschaft nichts mit. Die Beziehung wurde dann auch bald unerträglich für mich, für uns beide, so daß ich sie mit irgendwelchen vorgeschobenen Gründen abbrach. Ein freundschaftlicher Kontakt zu Conny blieb bestehen.

Inzwischen war mein Selbstverständnis das eines „Christen mit homosexuellen Problemen, die der Herr aber potentiell schon geheilt hat", so daß ich mit einigen Leuten darüber sprechen konnte. Manche Freunde gaben mir sehr unsinnige Ratschläge; fair fand ich die, die mir gleichzeitig ihr Mitgefühl und ihre Ratlosigkeit bekundeten. Auch Conny erfuhr von meinem Problem. Sie liebte mich; nach langen Überlegungen und großen Bedenken auch meinerseits begannen wir unsere Partnerschaft von neuem; im Glauben, daß Gott schon was tun wird.

Diese Entscheidung sollte bald hart in Frage gestellt werden. In der Absicht, einem Bekannten zu „helfen", von dessen Homosexualität ich wußte, landete ich in einer homosexuellen Beziehung. Erst jetzt wurde mir die Dimension meines Empfindens so richtig klar; mir wurde bewußt, wie unausweichlich meine homosexuelle Neigung war und welche Konsequenzen sie haben könnte. Ein homosexuelles Leben war auf einmal denkbar geworden. Ich habe es Conny und ehrlichen, verständnisvollen Menschen zu verdanken, daß ich diese Entscheidung nicht traf.

In dieser Zeit bekam ich Dr. van den Aardwegs Buch „Das Drama des gewöhnlichen Homosexuellen" in die Hand. Die Lektüre dieses Buches gehört zu den eindringlichsten Erlebnissen, die ich jemals hatte. Da war präzise mein Leben beschrieben; in kleinsten Details fand ich mich wieder. Das war echte Befreiung! Einige Zeit später besuchte ich mit Conny ein „Einführungsseminar" des „Arbeitskreises Befreiende Seelsorge" im Harz. Diese Begegnungen haben mein Leben verändert.

Ich erfuhr, daß der Kern homosexuellen Empfindens in einer negativen Selbstsicht besteht, die sich in selbstmitleidigem Klagen äußert; diese Selbstsicht und die Klagehaltung konnte ich bei mir wiederfinden. Zudem wurde mir ein realistischer Weg aus diesem Dilemma aufgezeigt. Damit hatte ich endlich Aussicht auf wirkliche Veränderung und neue Hoffnung.

In den Jahren seitdem hat sich viel getan. Ich bin reifer geworden und fühle mich wohl als Mann. Freude an meinem Sein und eine positive Selbstsicht sind gewachsen. Ein vorher für mich unvorstellbares heterosexuelles Empfinden hat sich während der „Anti-Selbstmitleids-Therapie" eingestellt. Wohl wissend um die lange

Wegstrecke, die noch vor uns liegt, bis ich restlos „gesund" bin, haben Conny und ich geheiratet; wir erwarten unser zweites Kind und sind eine fröhliche Familie.

Die homosexuellen Gefühle sind nicht völlig verschwunden. Manchmal fangen sie wieder an, mich hin- und herzubeuteln, besonders dann, wenn ich allgemein unzufrieden, unausgeglichen, „klagsam" bin. Es passiert, daß ich von einem homosexuellen Kontakt träume. Dies geschieht aber viel seltener als früher und erscheint mir nicht mehr so „wirklich" – das heißt, ich habe erlebt, daß ich eigentlich ein anderer bin. Ich erlebe die homosexuellen Impulse als fremd, nicht zu mir gehörig. Sie sind für mich unangenehm und nicht mehr mit Genuß verbunden.

Ich habe meine Identität als Partner meiner Frau und Vater meiner Kinder entdeckt; das ist ein wesentlich angenehmeres Gefühl. Unter keinen Umständen möchte ich zurück.

Um die Klagen wirksam zu bekämpfen, müßte ich die Anti-Selbstmitleid-Therapie noch regelmäßiger und gründlicher einsetzen. Dazu gehören viel Mut und Wille, der mir oftmals fehlt. Und dazu bedarf es auch der Kraft Gottes, die mir hilft, seinen Gedanken entsprechend zu leben. Ich glaube aber, daß in einigen Jahren homosexuelle Gefühle in meinem Leben kaum mehr eine Rolle spielen werden.

2. Lebensbericht

Probleme hat sicher jeder; der eine mehr, der andere weniger. Mein Problem war jedoch so tiefgreifend, daß es mich fast 15 Jahre beschäftigte. Immer stand es an erster Stelle. Immer wieder bewegte ich mich im Kreis. Meine große Frage war: Warum bin ich homosexuell?

Mit etwa 14 Jahren entdeckte ich, daß es mich mehr zu Jungen hinzog, ich mich mehr für sie interessierte, als für Mädchen.

Gleichzeitig entwickelte ich mich immer mehr zum Außenseiter. Wenn andere zum Tanzen gingen, wünschte ich mir wohl, mitzugehen, wagte es aber nicht, mich anzuschließen. Wenn meine Klassenkameraden mit ihren Freunden an unserer Wohnung vorüberkamen, sehnte ich mich danach, zu ihnen zu gehören. Aber meine

Minderwertigkeitsgefühle waren so stark, daß ich es einfach nicht wagte, auf die anderen zuzugehen. Einen Freund hatte ich nicht. Glaubte ich einen gefunden zu haben, nahm ich an, da er sich für mich interessiert, müsse er auch so fühlen wie ich. Deshalb war ich bald abgestempelt und als „Homo" bekannt. Wer das kennt, weiß, welches Leid damit zusammenhängt.

Als ich meine Lehre begann, zog ich in einen anderen Ort und hütete mein Geheimnis, so gut ich konnte: Nur nicht entdeckt werden – nicht noch einmal Hohn und Spott! Damit war das Problem aber keineswegs gelöst. Die Sehnsucht nach homosexuellen Begegnungen war riesengroß, wenn ich auch vorsichtiger geworden war. Entspannung fand ich durch Selbstbefriedigung, was meine Unzufriedenheit allerdings nur verstärkte. Selbstbefriedigung ist sicher nichts Dramatisches, solange sie nicht zur Sucht wird. Ich war süchtig; zweimal am Tag war für mich normal, und das über Jahre hinweg. Mein seelisches Gleichgewicht war so gut wie nicht mehr vorhanden; ich war nervös, unkonzentriert und unausgeglichen.

Man wird es vielleicht nicht vermuten, aber diese ganze Zeit erlebte ich als Christ. Ich wußte von Schuld und Vergebung. Ich wußte, daß es nicht richtig sein konnte, vom Gedanken an Selbstbefriedigung bestimmt zu sein und homosexuell zu leben. Doch ich fand keinen Weg, um davon loskommen. Ich las Bücher und Zeitschriften. Ich ging auch zur Seelsorge. Nach einiger Zeit war alles beim alten.

Inzwischen ging ich auf die Zwanzig zu. Ich versuchte es mit Mädchen, doch mein homosexuelles Empfinden blieb bestehen. Ich suchte Kontakt über den Evangeliums-Rundfunk, das war anonymer. Ich erinnere mich noch an eine Antwort, die ich erhielt: „Du wirst dein Mädchen finden ..." Und ich fand mein Mädchen. Wir heirateten, wie sicher mancher, der homosexuell fühlt. Doch ich legte meine Karten offen. Das war keine leichte Sache. Meine Frau entschied sich trotzdem für mich.

Meine Gefühle waren damals geteilt. Ich hoffte und wünschte mir, nun ein „Hetero" zu werden. Meine homosexuellen Gefühle verschwanden nicht, sie waren mal stärker, mal schwächer vorhanden. Unser erstes Kind meldete sich an, und wir wurden eine richtige Familie. Während der Armeezeit war ich von der Familie getrennt. Ich lebte an einem anderen Ort, wo mich niemand kannte – und meine Sehnsucht nach homosexuellen Begegnungen kam mit

Macht zurück, stärker als je zuvor. Ich hatte einige Begegnungen und geriet tiefer und tiefer in die Szene.

Als meine Zeit bei der Armee vorbei war und mein Alltag zu Hause wieder begann, empfand ich plötzlich Abneigung gegenüber meiner Frau. „So kann es nicht weitergehen …", waren oft ihre Worte. Mancher aus der Homosexuellen-Szene riet mir zur Scheidung. Doch Scheidung wollte ich nicht! Damit begann das Problem gefährlich zu werden für meine Ehe und Familie.

Ich besuchte verschiedene Tagungen, auf denen das Thema Homosexualität aktuell diskutiert wurde. Schließlich geriet ich auf eine Tagung, auf der Bernhard Ritter von einem Weg sprach, von der Homosexualität loszukommen. Hier wurde eine Lösung angeboten. Als ich ihn einige Wochen später bei einer weiteren Tagung traf, nahm ich all meinen Mut zusammen und bat um ein Gespräch.

Es war für mich immer von Bedeutung gewesen, einen Weg zu finden, von der Homosexualität loszukommen, den ich als Christ vertreten kann. Hier fand ich meinen Weg.

Es folgten sehr viele Stunden, in denen wir im Gespräch mein Leben betrachteten. Zusammenhänge wurden mir deutlich; manches trat wieder ins Bewußtsein, was längst vergessen schien. Wie oft hatte ich selbst über meine Situation nachgedacht und keinen Ausweg gefunden. Nun, im Gespräch, fand ich manche Klärung und hilfreiche Schritte nach vorn. Mir wurde immer mehr bewußt, daß die Homosexualität nicht das alleinige Problem meines Lebens war, sondern nur eines von vielen. Nach diesen pastoral-therapeutischen Gesprächen nahm ich an einem sogenannten „Einführungsseminar" teil. Auch dort fand ich manche für mich sehr hilfreiche Ergänzung.

In dem Einführungsseminar lernt man verschiedene Techniken und Methoden kennen, wie man mit negativen Empfindungen umgehen kann. Das Seminar dauert eine Woche, ist für jeden offen – es gehört nur der Wille dazu, sich anzumelden. Ich habe erfahren daß dies ein Weg ist, der sich lohnt. Er basiert auf dem biblischen Menschenbild, bezieht sich auf Aussagen der Heiligen Schrift, berücksichtigt aber auch die notwendigen psychologischen Zusammenhänge.

Nun begann für mich ein Weg des Kampfes gegen das Selbstmitleid. Ich habe in den letzten Jahren entdeckt und erfahren, wie entscheidend für alles, was ich tue, der Wille ist.

Was will ich eigentlich? Will ich loskommen? Wenn ich wirklich will, wenn ich aufstehen will, dann stehe ich auf. Wenn ich also den Willen habe, Unterstützung und Hilfe bekomme und lerne zu kämpfen, dann wird sich auch mein Gefühl ändern. Und mein Empfinden hat sich tatsächlich geändert!

Seit etwa zwei Jahren erlebe ich nun die Beziehung zu meiner Frau als ein echtes, wohltuendes und schönes Gefühl. Heute empfinde ich in der sexuellen Gemeinschaft mit meiner Frau nicht mehr Abneigung, sondern Zuneigung. Ich freue mich darauf und empfinde etwas sehr Schönes für sie. Ich kann sie wirklich lieben.

Auch die Selbstbefriedigung ist für mich keine Sucht mehr. Ich fühle mich wohl und bin innerlich stabiler geworden. Manchmal tauchen zwar noch vereinzelte homosexuelle Gefühle auf, doch sie beherrschen mich nicht mehr, sie sind für mich zum Randproblem geworden.

Diese Veränderung ging nicht von heute auf morgen vor sich, sondern ist das Ergebnis einer Entwicklung von etwa fünf Jahren. Nicht täglich, aber wenn das negative Gefühl stark wurde, habe ich es analysiert und bekämpft. In diesen Jahren gab es Höhen und Tiefen. Sehr wichtig war für mich, daß der Wille gestärkt wurde, gegen die negativen Emfindungen anzugehen. Zweimal im Jahr gibt es dafür vertiefende Wochenenden, sogenannte „Tankstellen". Das sind wirklich Wochenenden zum Auftanken und zur Stärkung. Gerade in der jetzigen Situation, wo auf uns in der ehemaligen DDR so viel Neues einstürmt, ist es wichtig, nicht allein zu sein.

Ich bin dankbar, daß es für Menschen mit seelischen Problemen und Störungen diesen Weg der Hilfe gibt.

17. Schlußwort

Ich habe mich zu diesem Buch auf vielfältigen Wunsch hin entschlossen. Es ist eine sehr persönliche Standortbeschreibung und ein auszugsweiser Erfahrungsbericht. Wichtige Schlüsselerkenntnisse sind benannt und die Grundlinien unserer Seminare und Beratungen ansatzweise beschrieben. Die Darstellung erhebt weder Anspruch auf Vollständigkeit der Behandlung des Themas noch auf Erkenntnis aller Details der Wahrheit. Wir würden uns freuen, wenn diese Gedanken geprüft würden und einen Beitrag zur laufenden Diskussion darstellen könnten.

Mit diesem Buch wenden wir uns an alle Christen und Mitarbeiter der Kirche, die in der Frage der Homosexualität nach einer Antwort suchen. Es soll ein Anstoß sein zu eigenverantwortlichem Weiterdenken und zur Aktivierung echter Hilfsangebote für die Betroffenen und um entsprechende Hilfen nachsuchenden Menschen.

Wir wenden uns aber auch an jene homosexuellen Menschen, die im Verborgenen leben, oft ihre eigene Lage nicht verstehen können und berechtigterweise nach Hilfe Ausschau halten, die sie in den Angeboten der homosexuellen Emanzipation nicht finden. So wahr es ist, daß wir Menschen nicht das Produkt unseres eigenen Wollens und Wünschens sind, so wahr ist es, daß der Schöpfer unseres Lebens auch der Befreier aus allen Problemlagen sein will. Es gibt Hoffnung auf Befreiung von homosexuellen Zwängen, wenn wir die Hintergründe der Problematik erkennen und die Wege zur Befreiung annehmen können.

Danken möchte ich an dieser Stelle all denen, die mir geholfen haben, die hier ausgeführten Erkenntnisse zu gewinnen und weiterzugeben: In ganz besonderer Weise meinem Lehrer Dr. Gerard van den Aardweg und seiner Frau Sonja, die unsere Arbeit viele Jahre hindurch beraten, begleitet und uns Mut gemacht haben; Horst-Klaus Hofmann und den Freunden von der Offensive Junger Christen; den Brüdern des Leitungskreises der Bruderschaft „Missionarischer Dienst Südharz"; dem Geschwisterrat des Arbeitskreises „Befreiende Seelsorge" e.V. und vielen hier Ungenannten.[15]

---

[15] Auf folgende weiterführende Literatur zum Problemfeld Homosexualität und Kirche sei abschließend hingewiesen:
Gerard van den Aardweg, Das Drama des gewöhnlichen Homosexuellen, Stuttgart-Neuhausen ²1992.
Roland Werner, Christ und homosexuell?, Moers 1981
ders., Homosexualität – ein Schicksal?, Moers 1988

Christa Meves

ABC der Lebensberatung

Grundregeln für die Begegnungen mit Ratsuchenden

120 Seiten. ABCteam-Paperback
Bestell-Nr. 3-7655-2496-4

Christa Meves stellt die Erfahrungen ihrer langjährigen
Beratungspraxis zur Verfügung:
– Was gehört dazu, damit eine Beratung oder Begleitung
  gelingen kann?
– Welches Verhalten hindert wirksame Hilfe?
– Welche Aufgaben können Laien wahrnehmen?

Sie rückt die scheinbaren Nebensächlichkeiten ins Blickfeld, die
eine Rolle spielen, wenn Vertrauen zwischen Menschen
entstehen soll. Konkrete Fallbeschreibungen helfen, Irrtümer
aufzudecken, die gerade dem unerfahrenen Helfer unterlaufen
können. Praktische Wege zur Überwindung solcher Schwierigkeiten werden gezeigt.

Wirkliche Hilfe hat eine entscheidende Voraussetzung: die
echte mitmenschliche Begegnung und die liebevolle Zuwendung. Das Buch möchte Mut machen, ein vom Glauben und
von der Liebe getragenes Konzept der Begleitung von
Menschen in seelischer Not in die Tat umzusetzen.

BRUNNEN VERLAG GIESSEN

Reinhold Ruthe

Seelsorge – wie macht man das?

Grundlagen für das therapeutisch-seelsorgerliche Gespräch
Einführung in die Paarberatung

220 Seiten. ABCteam-Paperback
Bestell-Nr. 3-7655-1011-4

Reinhold Ruthe, Leiter eines Institutes für beratende und
therapeutische Seelsorge, kann auf langjährige Erfahrung als
Seelsorger und Ausbildungsleiter zurückblicken.

In seinem Buch geht es um Grundfragen:
– Welche Ziele verfolgt die Seelsorge?
– Welche Wege kann sie gehen, um ihre Ziele zu erreichen?
– Welche Voraussetzungen muß ein Seelsorger mitbringen?
– Wie führt man ein beratendes Gespräch, und welche
  Kriterien sind dabei zu beachten?
– Welche Fehlerquellen für die zwischenmenschliche
  Verständigung müssen ausgeschaltet werden?

Häufige Beratungssituationen und ihre besonderen Bedingun-
gen werden behandelt:
– Schuld und Schuldgefühle
– Selbstmordgefährdung
– Ehe- und Partnerschaftskonflikte

Praxisnah, verständlich und mit zahlreichen illustrierenden
Beispielen werden Grundlagen der seelsorgerlichen Begegnung
dargestellt.
Ein Praxisbuch für Pfarrer, Seelsorger, Berater und alle, die ihre
Befähigung zur seelsorgerlichen Begleitung von Menschen
ausbauen wollen.

BRUNNEN VERLAG GIESSEN